Granger

SECONDE GUERRE
DE POLOGNE.

Granger

SECONDE GUERRE
DE POLOGNE.

SECONDE GUERRE DE POLOGNE,

OU CONSIDÉRATIONS

SUR

LA PAIX PUBLIQUE DU CONTINENT,

ET SUR L'INDÉPENDANCE MARITIME DE L'EUROPE.

Custode rerum Cæsare, non furor
Civilis, aut vis eximet otium :
. . . , ...
Quis Parthum paveat, quis gelidum Scythen?
HOR.

PAR M. M^CE DE MONTGAILLARD.

———

A PARIS,

CHEZ LENORMAND, LIBRAIRE, RUE DE SEINE, N° 8.

1812.

AVIS DE L'ÉDITEUR.

Cet ouvrage était livré, depuis plus de deux mois, à l'impression ; des circonstances particulières à l'auteur en ont retardé la publication jusqu'à ce jour : nous croyons nécessaire d'en prévenir le public ; il importe que les observations et les faits que renferme cet ouvrage soient à l'abri de tout soupçon de partialité. Nous nous faisons donc un devoir d'assurer que les intérêts du moment, ou les événemens survenus depuis l'ouverture de la campagne, n'ont influé en rien sur les opinions avancées par l'auteur dont nous publions l'écrit.

SECONDE GUERRE DE POLOGNE,

OU CONSIDÉRATIONS

SUR LA PAIX PUBLIQUE DU CONTINENT,

ET SUR L'INDÉPENDANCE MARITIME DE L'EUROPE.

Le ministère anglais est parvenu à égarer de nouveau les conseils de la Russie. Un monarque dont l'âme élevée et remplie de bienveillance pour ses peuples avait noblement répondu, sur les rives du Niémen, aux pacifiques dispositions de l'empereur des Français, Alexandre Ier a permis à ses ministres de violer la foi solennellement jurée à Tilsitt : son cabinet a rompu ces mémorables traités qui devaient garantir la paix du continent ; il a éludé toutes les mesures de conciliation ; il a violé tous les principes de justice et d'honneur ; il a méconnu tous les avantages d'une alliance qui devait puissamment influer sur les destinées de l'Europe ; l'empire russe a déclaré la guerre à l'empire français ! ou plutôt les ministres du régent d'Angleterre, placés entre la détresse toujours croissante des manufacturiers et le mécontentement de toutes les classes du peuple de la Grande-Bretagne, les ministres de Londres ont embrasé le nord de l'Europe, afin de conserver quelques instans de plus cette influence corruptrice et ce pouvoir dictatorial d'où dérivent tous les désastres qui accablent la Grande-Bretagne. Le cabinet de Saint-James a fait triompher à Saint-Pétersbourg ses maximes de *guerre perpétuelle*; dénaturant, par la perfidie de ses intrigues, tous les rapports de générosité, d'ordre, de justice, de saine politique qui avaient dicté les transactions de Tilsitt, les ministres du régent d'Angleterre ont précipité la Russie dans une guerre injuste et désastreuse : injuste, parce que le cabinet de Saint-Pétersbourg n'éprouvait aucune lésion, ne pouvait prétexter aucune appréhension fondée pour ses intérêts politiques, et n'avait, par conséquent, aucun motif légitime de provoquer les hostilités ; désastreuse, parce qu'elle doit entraîner le démembrement de l'empire russe, et dépouiller cet état de l'influence qu'il exerçait sur les affaires générales de l'Europe.

Il est donc une fatalité attachée aux conseils, à l'alliance de l'Angleterre ! Les souverains, ou les peuples qui prêtent l'oreille à ses insinuations, qui s'abandonnent à ses promesses, en deviennent aussitôt les victimes ; et lorsque tous les fléaux de la guerre désolent leurs états, ils n'ont plus aucun secours à espérer ; ils se trouvent réduits à leurs seules forces, c'est-à-dire à leur faiblesse individuelle, dans ces coalitions insensées dont tous les bénéfices sont pour le commerce de l'Angleterre : les alliés de cette puissance n'en obtiennent, au milieu de leur ruine, que le paiement des *subsides arriérés*, qu'une pitié stérile et dérisoire ; ils périssent, et l'Angleterre règne sur les mers.

Chaque année, chaque campagne ont offert, depuis le commencement de ce siècle, le déplorable exemple des dangers de l'alliance britannique ; ces leçons terribles sont encore une fois perdues pour les ministres de Saint-Pétersbourg : ils courent au-devant de leurs propres malheurs, ils s'y précipitent, comme s'ils n'avaient pas éprouvé dans une guerre encore toute récente, dans une guerre si généreusement terminée en leur faveur par l'empereur Napoléon, ce que peuvent accumuler de victoires et de conquêtes ces armées dirigées et conduites par le plus grand capitaine qu'ait jamais eu une grande nation. Certes, le cabinet de Catherine II, de cette souveraine dont l'ambitieuse politique se plia si adroitement, avec tant de souplesse, sous tant de formes différentes, aux circonstances dans lesquelles l'Europe était placée sous son règne, le cabinet de Catherine II n'eût jamais embrassé des déterminations aussi légères; il n'eût jamais adopté ces résolutions jeunes et malhabiles dont la gloire et le sort de l'empire russe doivent entièrement dépendre ! La souveraine du nord eût, au contraire, entretenu l'alliance et favorisé le système français, système utile, nécessaire à tous les intérêts de la Russie; glorieuse d'être contemporaine et alliée de CELUI qui remplit la terre de son nom, la souveraine qui avait proclamé et fait respecter, dans la mer Baltique, les principes de la neutralité maritime, à l'époque de la guerre d'Amérique, Catherine II eût reconnu la justice, la nécessité des décrets de Berlin et de Milan : et, jalouse gardienne de la dignité de sa couronne, de l'honneur de son pavillon, de la prospérité de ses peuples, l'impératrice de Russie eût réuni ses armes aux armes de l'empereur Napoléon pour combattre la tyrannie de la Grande-Bretagne, pour assurer l'indépendance maritime et commerciale des nations.

Telle était, en effet, la politique qu'une saine raison, que les véritables intérêts de la Russie prescrivaient à son cabinet; il devait surtout apporter tous ses soins, tous ses ménagemens à ne pas compromettre les inappréciables avantages que le traité de Tilsitt lui avait accordés et reconnus. L'histoire consacrera ces paroles de l'empereur des Français, prononcées dans la session législative de 1809 : « Mon allié et « ami, l'empereur de Russie, a réuni à son « vaste empire la Finlande, la Moldavie, la « Valachie et un district de la Gallicie. Je ne « suis jaloux de rien de ce qui peut arriver « de bien à cet empire. Mes sentimens pour « son illustre souverain sont d'accord avec ma « politique. » Ces paroles attesteront aux derniers âges les magnanimes résolutions de l'empereur des Français ; elles condamnent déjà le cabinet de Saint-Pétersbourg ; et le jour n'est pas éloigné où ce cabinet regrettera, avec des larmes de sang, de ne les avoir pas adoptées pour bases de son système politique.

Car l'issue que doit avoir *la guerre anglo-russe* ne saurait être douteuse pour tout homme qui réfléchit à la situation présente des choses. Aussi, quoique la paix soit le premier, le plus désirable des biens, quoique la guerre traîne à sa suite de grandes calamités et des calamités sans nombre, il est permis aujourd'hui d'envisager avec une sorte de satisfaction une guerre qui doit *asseoir* le système politique du continent, et fonder une pacification durable; une guerre qui doit frapper le commerce de la Grande-Bretagne dans ses plus précieuses importations, et entraîner, par la force des choses, la liberté des mers.

La seconde guerre de Pologne est la lutte de la barbarie et de la civilisation; l'empereur des Français représente, dans les plaines de la Pologne, toutes les nations civilisées et toutes les puissances maritimes contre l'Angleterre et contre la Russie.

Sous ces rapports essentiellement européens, puisqu'ils importent à la prospérité de tous les états et de tous les peuples du continent, la guerre actuelle peut être considérée comme l'une des plus grandes, et nous oserons ajouter comme l'une des plus heureuses époques qu'il y ait dans l'histoire du monde. D'un côté, la civilisation et les sciences, la paix du continent et l'indépendance des mers; de l'autre, la barbarie, une longue suite d'hostilités et de dévastations, un despotisme commercial et une tyrannie maritime et sans bornes et sans terme:

tels sont les intérêts que vont décider en Pologne, sur le territoire de la Moscovie, ces armées commandées par le monarque invincible aux pieds duquel doivent s'abaisser et tomber les règnes et les noms de Pierre I*er*, de Catherine II.

Depuis l'avénement de Catherine au trône de Russie, les écrivains, les poëtes, les philosophes n'ont cessé de nous représenter cet empire comme le premier empire de l'univers ; ils lui ont donné un orgueil, ils ont inspiré au cabinet de Saint-Pétersbourg une audace qui ont porté les ministres du nord à méconnaître tous les principes d'ordre, à violer toutes les lois qui régissent les peuples civilisés. Au milieu de ces adulations que la cupidité et l'ignorance prodiguaient aux barbares, l'impératrice Catherine jugea que les temps étaient arrivés où l'on pouvait tout entreprendre, tout exécuter, sans avoir à craindre le ressentiment de la cour de France ; cette souveraine forma la résolution de démembrer l'empire ottoman et d'asservir l'Allemagne sous son influence. Pour y parvenir, il fallait détruire le royaume de Pologne, ce royaume qui garantissait le repos de l'Allemagne et de la Turquie : la Pologne fut anéantie, et l'Europe se trouva bouleversée de fond en comble. Le despotisme maritime de l'Angleterre et les grandes hostilités dont les nations ont eu à gémir jusqu'à ce jour datent des démembremens et de la dissolution de la puissance polonaise : toute balance politique ayant été brisée à Varsovie, il ne resta plus aucun frein pour retenir dans ses frontières cet empire qui s'avançait, de jour en jour, sur l'Europe avec une ambition de conquêtes et une soif de richesses également insatiables. Des vues, des usurpations semblables devaient être principalement funestes à la France dans ses relations politiques avec l'Allemagne, dans ses relations commerciales et politiques avec la Turquie ; l'Angleterre devint l'alliée, l'auxiliaire fidèle de la Russie, ou plutôt sa complice dans ces envahissemens qui étaient toujours un moyen et un prétexte pour opérer des envahissemens nouveaux. C'en était fait de l'existence des divers états de l'Allemagne et du midi de l'Europe, s'il eût été permis au cabinet de Saint-Pétersbourg de mettre la dernière main à ce système de spoliations et de partages dont il fait profession depuis le règne de Pierre Ier : et ces barbares, dont les conquêtes sont des démembremens d'états européens, qui inondent et ravagent plutôt qu'ils ne combattent et n'administrent, les hordes russes se seraient précipitées, dans les temps à venir, sur les plus belles contrées de l'occident, si l'empereur Napoléon n'eût pris la résolution de rejeter l'empire russe hors de l'Europe, de poser sur les rives de la Vistule une barrière d'airain, et de donner ainsi à toutes les couronnes la garantie d'une longue et inviolable paix.

Nous croyons bien mériter de la patrie, de tous les sujets fidèles à leur souverain, de tous les hommes amis de leur pays, en retraçant l'esprit et les principes du cabinet de Saint-Pétersbourg, en montrant les avantages que l'Europe est appelée à retirer du rétablissement du royaume de Pologne, en essayant de développer les effets que cette grande restauration doit produire en faveur de la paix continentale et de la liberté des mers.

Nous écrivons avec vérité, avec impartialité; nous ne cherchons pas à flatter les puissances alliées de l'empire : on peut taire beaucoup de choses, sans cesser d'être vrai. Nous n'avons point de haine, nous sommes sans prévention contre la puissance russe. Il ne nous appartient pas de savoir, de dire, quelle fut dans les affaires présentes de la Russie, ou quelle ne fut pas la volonté de son souverain : les sujets n'ont pas le droit d'interpréter les actions des monarques; la postérité seule a celui de les juger; nous rapporterons les faits et les choses, les réflexions naîtront assez d'elles-mêmes. Sans nous promettre que cet aperçu fixe l'attention du public, il peut nous être permis d'espérer que la gloire de l'empire, l'importance de la guerre actuelle, la grandeur du spectacle que nos armées offrent à l'univers, appelleront quelque intérêt sur ces pages, et nous mériteront l'indulgence que sollicite la médiocrité de nos lumières; nous sommes pénétrés de l'insuffisance de nos talens, de la gravité des matières que nous allons traiter : mais si l'esprit est timide, s'il tremble de s'égarer en émettant de faibles conjectures sur des objets d'un intérêt si général, si majeur, le cœur est du moins animé par un amour, par un dévouement profonds à la gloire de nos armées, à la prospérité de l'empire, à la paix de l'Europe : c'est à ces sentimens que se subordonnent nos pensées et nos vœux. Nous sommes Français; et un Français ne saurait voir sans attendrissement, sans orgueil, son empereur et le sang le plus pur, le plus illustre de l'empire, combattre, en faveur de la paix générale, sous un ciel inconnu aux Romains, dans des régions dont le nom n'existait pas au siècle de Charlemagne, et était encore sans aucune gloire dans le siècle de Louis XIV.

§. Ier.

Considérations sur la force réelle de l'empire russe, sur les ressources intérieures de l'état, sur le système politique du cabinet.

Il faut jeter un coup-d'œil sur les ressources territoriales et militaires, sur le commerce et les finances de l'empire russe : cet aperçu servira à apprécier la force réelle de cet empire, et la marche de son cabinet depuis le commencement du dernier siècle jusques à l'avénement de la dynastie impériale de France.

Il n'entre pas dans la nature de cet ouvrage de présenter le *dénombrement* des provinces, de la population, des forces de terre et de mer, etc., de l'empire russe; tous ces détails statistiques, si fastidieux, si inexacts lorsqu'ils ne sont pas revêtus d'une authenticité officielle, ont été d'ailleurs parfaitement appréciés dans l'excellente histoire de Russie publiée par M. Levesque. Nous considérons principalement la puissance russe sous le rapport politique; dans l'analyse que nous allons faire de ses principes de force et de prospérité, nous éviterons ces nomenclatures dont fourmillent les politiques-gazetiers ; nous nous arrêterons aux résultats, et nous n'adopterons que ceux dont les meilleurs publicistes ont, pour ainsi dire, sanctionné l'exactitude approximative.

La Russie était inconnue, il y a cent cinquante ans, dans le système des puissances européennes. D'immenses déserts, l'ignorance et la barbarie les plus entières séparaient également les Moscovites de l'Europe, lorsque Pierre Ier, barbare né avec des idées de grandeur, forma le projet d'introduire la civilisation, le commerce et les arts dans des contrées sauvages et disgraciées par la nature.

L'enthousiasme fait quelquefois oublier l'histoire. On a tant parlé du génie de Pierre Ier, les écrivains et les poëtes ont célébré avec tant d'emphase ses travaux et ses conquêtes, on a depuis si lâchement exalté l'empire russe aux dépens de l'honneur et de la gloire des premières puissances de l'Europe, que l'opinion publique a été jusqu'à ce jour complètement égarée sur la situation intérieure de cet empire, sur la force et la richesse de cet état. Pierre Ier conçut un grand dessein : les succès de ce monarque, ses fautes, ses revers, des efforts sublimes, des actions barbares, les plus folles tentatives, des extravagances de despotisme à peine croyables, un caractère féroce, une activité prodigieuse, la plus opiniâtre persévérance, tout seconda le monarque qui n'avait pas craint de descendre du trône pour aller demander aux nations éclairées de l'occident une marine, une armée, les arts et les sciences. Pierre Ier oublia les lois, les lois qui, seules, peuvent préparer et fonder la civilisation des peuples et des empires ! Ce tzar voulut donner à ses sujets les mœurs et tous les arts de l'Europe ; il le voulut avec l'impatience du despotisme, il l'exécuta sans aucun de ces ménagemens si nécessaires à l'exécution de hautes entreprises. Jamais législateur, conquérant, despote, n'apporta plus de violence, ne montra moins de véritable génie dans ses opérations ; toutes celles de Pierre Ier portent l'empreinte de la férocité de son caractère, de la médiocrité de ses talens : il ne connut aucun de ces principes d'honneur sur lesquels repose la véritable grandeur ; et, violemment juste dans certaines conjonctures, il manqua presque toujours d'équité ; il ne songea point à détruire, il ne chercha même pas à adoucir la servitude dans ses états : aussi, après un siècle entier d'innovations et de conquêtes, la masse du peuple russe n'a fait aucun progrès vers la civilisation; l'empire russe jouit en Europe d'une renommée, d'une puissance relative infiniment supérieures aux véritables forces, et surtout à la civilisation de la nation. A proprement parler, il n'y a pas de nation russe; il y a, en Russie, une grande puissance, une capitale, une cour et des esclaves; la capitale est corrompue, et les provinces sont barbares; il n'y a de *civilisé* en Russie que la corruption; mais elle y est parvenue à un degré de raffinement inconnu dans le reste de l'Europe, parce que la barbarie et l'esclavage en sont inséparables par la nature même du gouvernement : c'est aussi la raison pour laquelle on voit tant de conspirations, et des conspirations si habilement ourdies, dans l'histoire de cet empire, si grand par l'étendue de ses déserts, si petit par le nombre de ses villes; les peuples y sont partout en arrière de trois siècles pour les connaissances positives qui distinguent la plupart des nations européennes : on voit maintenant pourquoi l'empire russe n'a rien produit de grand dans aucun genre. La folle conduite de Charles XII avait fait une grande partie des succès et de la gloire de Pierre Ier; l'inhabileté des visirs et la lâcheté des généraux ottomans ont fait la gloire de Catherine II : les erreurs ou les fautes du cabinet de Versailles et des grandes puissances de l'Europe firent, presque seules, la réputation de l'empire russe, et donnèrent à son cabinet cette influence, en quelque sorte prépondérante, qu'il prétend exercer sur toutes les transactions européennes.

Les souverains commirent, dans le dernier siècle, une faute immense ; ils admirent, sans réflexion, sans garantie, l'empire russe dans le système européen : cette faute a entraîné, pour plusieurs couronnes, des conséquences fatales, des malheurs irréparables.

Le cabinet de Saint-Pétersbourg a changé tous les rapports de la puissance européenne ; il a dénaturé toutes les alliances, il a bouleversé tous les principes de conservation, d'équilibre, de stabilité et de paix, que les traités de Westphalie avaient ménagés aux diverses nations de l'occident.

La puissance russe est une puissance anti-européenne, elle menace directement les libertés de l'Europe : ce n'est pas l'Angleterre, c'est la Russie qu'il faut considérer comme l'ennemie naturelle de l'Europe. Dans tous les temps il sera au pouvoir des grands cabinets de fermer le continent à l'Angleterre, de l'exiler dans son île, d'amener le cabinet de Saint-James à reconnaître, à respecter l'indépendance et les droits politiques des nations; les conjonctures actuelles offrent bien le tableau d'une tyrannie et d'un monopole jusqu'ici sans exemple, exercés par les ministres de la Grande-Bretagne; mais la vérité ne permet pas de taire qu'il existe dans la nation anglaise une libéralité de principes, des sentimens de justice et d'honneur, une réunion de lumières, une industrie et une activité dont le continent peut retirer de grands avantages, lorsque ce ministère fatal à la Grande-Bretagne et ennemi de tous les peuples aura été forcé d'admettre un système pacifique et approprié aux libertés maritimes, aux droits commerciaux des puissances continentales.

Il ne saurait en être ainsi de la puissance russe ; elle opprime, elle envahit, elle démembre, elle dévore; sans respect pour le droit des gens, pour les droits de l'humanité, elle *consacre* l'ignorance, la servitude et la barbarie : ce sont des fers et la barbarie qu'elle apporte en échange des arts et des lumières de l'Europe.

L'on doit admirer la sagacité et la sagesse du cabinet de France sous le règne de Louis XIV. Ce monarque sentit tout le danger d'accueillir officiellement une puissance nouvelle, une puissance monstrueuse par l'étendue de son territoire, par le nombre et par la férocité militaire de ses sujets; et lorsque les différentes cours de l'Europe payaient à Pierre Ier, par de solennelles ambassades, le tribut d'une aveugle et stupide admiration, Louis XIV refusa constamment d'entrer en alliance, de conclure des traités avec le tzar : c'était en effet éclairer la Moscovie sur son importance politique, c'était ouvrir une vaste carrière à son ambition, et lui montrer le chemin par lequel un souverain de Russie pourrait arriver un jour au centre de l'Europe.

Dans les belles époques de la diplomatie française, lorsque la politique de Richelieu et de Mazarin vivait dans le cabinet de Versailles, les monarques français firent de grands efforts pour cimenter l'alliance entre la Suède, la Pologne, la Turquie et la France : ces puissances furent toujours, aux yeux des monarques français, *les premiers amis, les alliés principaux et naturels* de leur couronne. Dans tous les temps, les ministres et les envoyés de Louis XIV eurent ordre de maintenir ces alliances *à quelque prix que ce fût;* le cabinet de Versailles avait prévu que la prépondérance navale de l'Angleterre dans la mer Baltique, l'*apparition* de la Russie en Europe, et l'affaiblissement de la monarchie suédoise, du royaume de Pologne, pourraient mettre un jour en péril les divers états de l'Allemagne, et entraîner la ruine politique de la France. On ne peut révoquer en doute cette assertion, on ne peut se méprendre sur les motifs qui dirigèrent, à cet égard, la conduite du cabinet de France; on les trouve textuellement énoncés dans plusieurs des lettres de la correspondance de Louis XIV avec ses généraux et ses plénipotentiaires. On lit, dans les instructions données en 1665 à MM. de Terlon et de Pomponne, ces prophétiques paroles, les plus étonnantes qu'ait jamais proférées la politique : « Il faut prendre avec la Suède tous les moyens « possibles pour empêcher, *le roi de Pologne* « *venant à mourir*, que l'empereur ne se fît « nommer en sa place, ou ne partageât ce « royaume avec l'électeur de Brandebourg *et* « *le Moscovite*. » Voilà les sages raisons qui ont si long-temps porté le cabinet de Versailles à accorder des subsides aux monarques suédois; voilà le motif de toutes les démarches tentées par la cour de France pour faire élire un prince français roi de Pologne. Louis XIV secourait Charles XII, quoique cet illustre étourdi eût abandonné la France dans la guerre de la succession; et, en descendant dans la tombe, Louis XIV s'efforçait encore, par le traité de Versailles, 1715, de relever la Suède de l'état où les victoires de Charles XII avaient réduit cette monarchie.

L'alliance russe avait été rejetée en France dès l'année 1687; mais, trente ans plus tard, le tzar Pierre sut profiter des vices d'une minorité, il osa demander à la France de ne pas *assister* la Suède; il offrit au cabinet des Tuileries de *lui tenir lieu* de la Suède contre l'empereur; il proposa au régent l'alliance de la Russie *et celle de la Prusse, sans laquelle un tzar ne saurait agir*. Le cardinal Dubois gouvernait alors en France; son ambition était de la bassesse, et son âme avait l'habitude de tous les vices; parvenu des emplois les plus vils aux plus grandes affaires, il rendait les dignités méprisables, et il était si flétri, qu'aucune dignité ne pouvait le réhabiliter dans l'opinion publique : mais ce premier ministre était doué d'un esprit supérieur pour les affaires; il sentit, comme par instinct de génie politique, qu'il ne fallait pas sacrifier la Suède et la Pologne aux Moscovites; le conseil du duc d'Orléans *se tint en arrière*, et le traité de 1717 entre la France et la Russie prouva que le conseil *du Palais-Royal* avait cru nécessaire d'user d'une extrême réserve avec une puissance qui prenait tout à coup un vol si élevé. Ce traité offre une particularité singulière, il fut négocié et signé par un Kurakin.

Cette digression n'est point déplacée ; elle montre l'esprit dont le cabinet de Saint-Pétersbourg fut animé dès l'instant où il obtint la facilité de prendre part aux affaires de l'Europe. Profond dans son ambition, invariable dans ses desseins, d'une persévérance, d'une perfidie, et, osons le dire, d'une habileté extrêmes dans ses intrigues ; le cabinet de Saint-Pétersbourg s'est servi alternativement des cours de Versailles, de Vienne, de Londres et de Berlin, pour étendre ses usurpations ; il a successivement trompé ces puissances ; le cabinet des Tuileries a été particulièrement victime de tous les traités conclus avec Catherine II ; ils ont été violés par la Russie avec une impudeur et un machiavélisme jusqu'alors sans exemple ; enfin ce cabinet a mis le comble à ses violations de foi par la rupture du traité de Tilsitt.

Presque tous les souverains de l'Europe avaient attaché une sorte de gloire à favoriser les entreprises du tzar Pierre I, à lui prodiguer les moyens de créer une puissance redoutable sur la mer Baltique ; leur insouciance et leur aveuglement eurent les conséquences que le cabinet de Louis XIV avait prévues. A peine l'empire russe eut-il mis le pied dans le congrès européen, que les ressources fécondées par les travaux de Pierre Ier se développèrent dans le nord; la Suède, le Danemarck, la Pologne devinrent le théâtre de ses incursions; l'empire ottoman se vit menacé par un ennemi formidable. La conquête de la Livonie, de l'Ingrie, de la Carélie, de l'Esthonie, d'une partie de la Finlande et de la Poméranie, de la Krimée et d'une partie de la Tartarie; des établissemens dans le Holstein, sur les rives du Wéser, dans la mer Baltique, dans la mer Noire, dans la mer Caspienne, sur les frontières de la Perse, sur celles de l'Allemagne; la conquête et le démembrement de plusieurs provinces de la Suède et de la Turquie, etc., etc.; tels furent les résultats dont la plupart des cabinets de l'Europe daignèrent à peine s'apercevoir jusque vers le milieu du dernier siècle. Heureusement pour l'Europe, Pierre Ier n'a point laissé d'héritier de son génie, ou plutôt de son caractère, excepté Catherine II; et, malgré le développement immense des forces russes depuis ce conquérant, l'état n'a acquis aucune stabilité : l'empire russe, toujours sans civilisation et sans lois, n'a présenté, dans le cours d'un siècle, que des minorités faibles, des empereurs qui n'ont fait que passer sur le trône, des femmes plus occupées des douceurs que des devoirs de la royauté, et des favoris sans talens et sans mérite.

Mais, d'un autre côté, les projets du tzar Pierre Ier subsistent en leur entier dans le cabinet de Saint-Pétersbourg ; après les envahissemens qu'il est parvenu à opérer depuis la fondation de cette capitale du nord, il ne faudrait sur le trône de Russie qu'un grand caractère pour mettre ces projets à exécution. L'Europe a vu les barbares du nord porter la dévastation dans les plaines de l'Italie, sur les rives du Rhin, jusques au pied des Alpes; et l'occident tout entier, ouvert à leurs ravages, par la Pologne, par la Turquie, pouvait être un jour replongé dans la barbarie, si la Providence, jalouse de montrer toute l'étendue de sa sagesse, n'eût enfanté un monarque qu'elle a chargé du soin de pacifier l'univers et d'en fixer les destinées pour une longue suite de siècles; monarque né pour le bonheur de l'Europe, et qui *achève* aujourd'hui ses victoires en fermant les portes européennes à l'empire russe.

Pierre Ier a laissé à la Russie un sentiment

exagéré de sa force ; il a bien *créé*, si l'on veut, *la puissance russe*, mais il n'a rien fait pour lui donner cette consistance et cette durée qui seules impriment le cachet du génie sur le nom des fondateurs d'un empire. En forçant pour ainsi dire le cabinet de Saint-Pétersbourg à vouloir conquérir un jour l'Europe, Pierre Ier prépara le démembrement de la Russie ; tout démontre aujourd'hui que cette ambitieuse puissance a vécu ; elle a jeté un grand éclat ; mais l'illusion ne saurait durer plus long-temps ; et bientôt l'on verra la Russie, égarée dans ses déserts, sortir du monde civilisé, et ne laisser dans l'occident que le souvenir d'une ambition et d'une barbarie également odieuses à tous les peuples.

En fondant la subordination militaire dans ses armées, Pierre Ier ne songea point à leur inspirer l'amour de la gloire : ce noble sentiment n'est pas fait pour les esclaves, et un gouvernement despotique doit l'ignorer ou le craindre. La gloire ne peut être sentie ; elle ne peut valoir tout son prix que dans les monarchies tempérées, parce que le prince y est l'honneur, parce que le souverain peut récompenser sans danger, par l'honneur, les services de ses sujets. On peut bien aimer la gloire, qui n'est guère qu'une grande renommée, et ne pas connaître cependant l'honneur; c'est le sort des peuples sans civilisation : chez de tels peuples, la gloire n'est qu'une condamnation à l'immortalité historique : voilà le sort des Goths, des Vandales, des Russes. En Russie, le gouvernement n'a pas le secret de l'honneur; il sacrifie tout à une fausse gloire, à une ostentation de magnificence, de pouvoir et de volontés despotiques. Pierre Ier fonda ce système et cet ordre de choses : mais, en prenant de lui-même le titre d'empereur, ce souverain dévoila au cabinet de Saint-Pétersbourg le secret de son ambition; et elle a fidèlement transmis aux successeurs de Pierre tous ces projets d'envahissemens et de conquêtes qui avaient décidé la fondation de Saint-Pétersbourg.

Les titres et les dénominations des souverains ne sont pas des choses aussi indifférentes en elles-mêmes qu'on le croit vulgairement. Ces distinctions, puériles aux yeux de la philosophie, sont le signe de la puissance d'un état, la mesure de sa force ou de son influence.

L'Angleterre, et cela devait être, fut la première puissance qui accorda le titre d'empereur aux tzars; la diète suédoise ne donna le titre impérial à la Russie qu'en 1767, dans la personne de Catherine II : Elisabeth fut le premier souverain russe auquel le cabinet de

France le concéda ; cette reconnaissance eut lieu sous la condition expresse que le titre impérial ne porterait aucun préjudice au cérémonial usité entre les deux cours. La déclaration de Versailles, 1763, est encore plus formelle ; elle dit : « Si quelqu'un des successeurs « de l'impératrice Catherine venait à former « quelque prétention contraire à l'usage cons- « tamment suivi entre les deux cours, *sur le* « *rang et la préséance*, dès ce moment la « couronne de France, par une juste récipro- « cité, reprendrait son ancien style, et cesse- « rait de donner le titre impérial à celle de « Russie. » La cabinet de Versailles savait qu'il n'y a point de dénomination, de mot indifférens, lorsqu'il s'agit de fixer la préséance, c'est-à-dire la dignité des couronnes ; un mot a quelquefois suffi pour élever de grandes prétentions. Le cabinet de Versailles dut craindre, avec raison, que le titre impérial ne servît un jour de prétexte aux souverains russes pour prétendre à l'empire d'orient ; il exigea d'Elisabeth et de Pierre III leurs reversales. De hautes considérations, relatives à l'intégrité de l'empire ottoman, portèrent le cabinet de Versailles à renouveler dans toutes les circonstances les réserves exprimées par la déclaration de la cour de France. Catherine II s'y refusa en 1763 ; mais les réserves énoncées par les rois de France subsistent, en droit politique, dans toute leur force.

Ces rois régnaient sur une grande monarchie, *et l'empire d'occident* était dévolu, de droit et de fait, à la couronne de France, plusieurs siècles avant qu'aucune des maisons souveraines qui occupent aujourd'hui des trônes en Europe n'eût acquis la moindre illustration. Relativement à la Russie, telle était l'idée que l'on avait de la famille des tzars, même après le règne de Pierre Ier, que, l'impératrice ayant offert sa fille Elisabeth pour femme de Louis XV, le conseil de Versailles jugea « que ce sang n'était pas digne de « se mêler au sang français. » Les annales de la Russie sont en effet d'une très-grande obscurité jusque bien avant dans le moyen âge : ce n'est guère que vers la fin du seizième siècle que l'on peut parler, avec quelque certitude, de ses races : il n'y a point en Russie de ces noms illustres qui décorent une monarchie, tels que les Montmorency, les Rohan, les Laval, les La Trimouille, les Chatillons, les Talleyrand, les d'Artagnant, ou Montesquiou, les Lévis, les Castellane, etc., etc., etc. ; il n'y a point de ces familles anciennes dont peuvent s'honorer tous les gouvernemens de l'Europe : tout est nouveau sur la Newa, jusques au nom de l'empire russe.

Vers le milieu du seizième siècle, le souverain moscovite n'était encore appelé que Velikii-Kniaz, ou *grand-prince ;* ce mot *grand* voulait exprimer sans doute la grandeur des déserts sur lesquels ce souverain étendait sa domination. Selon l'opinion commune, Ivan-Vassiliévitch II se déclara tzar en 1547 : dans la Bible russe, tzar signifie un roi. Il y avait des tzars tatars et sibériens, des tzars de Kasan, d'Astrakan, de la Krimée, de la horde dorée, etc. : depuis la conquête de ces pays, les souverains russes prennent le titre de tzar, titre évidemment emprunté de ces nations. Lorsque Pierre Ier prit, en 1721, le titre d'empereur, le mot *imperator* fut introduit dans la langue russe, et celui d'*imperatritza* fut employé pour désigner l'impératrice : afin que les sujets ne puissent pas se méprendre sur la nature et les principes du gouvernement de Russie, les souverains de cet empire prennent, avant toute autre dénomination, le titre d'*autocrator*, ou autocrate ; il veut dire souverain absolu.

On voit que les conseils de Louis XV pouvaient, sans beaucoup d'orgueil, trouver que le sang tartare *n'était pas assez pur* pour donner des souverains à la France.

Après l'extinction de la famille des grands-ducs de Russie, descendans de Rurikc ou de Vladimire, qui finit en 1598 dans la personne de Féodore-Ivanovitz, plusieurs tzars de différentes familles occupèrent le trône. Le peuple et les boyards ou grands de l'état y placèrent un certain Boris-Fédérovitch-Goudounof : son fils y fut appelé, en 1604, par tous les rangs du peuple de Moscow. Dans un espace de quinze années, de 1598 à 1613, on vit sur le trône des Moscovites jusqu'à huit tzars, dont les titres étaient vrais ou supposés ; car c'est encore une chose particulière à cette couronne que quatre imposteurs l'aient portée ou y aient prétendu successivement sous le nom de *Démétrius*. Enfin ce fut par l'élection des boyards et des autres états de l'empire que Mikhaïl-Fédérovitch-Romanof, chef et tige de la maison aujourd'hui régnante en Russie, fut déclaré chef suprême de l'état : nous remarquerons que les Tartares, dans le quatorzième siècle, élisaient des grands-ducs dans la famille régnante. Sous le nom d'états ou d'électeurs, on entend principalement, en Russie, le clergé et les boyards : mais, en 1730, ces derniers furent représentés et remplacés par les députés du conseil, du sénat et de la commune. A cette époque, la Russie fut déclarée empire héréditaire ; une charte publique garantit le trône à la postérité de la race régnante ; car il n'existait pas encore de lois pour assurer la succession au trône : le fils ne succédait pas toujours au père, l'oncle régnait avec les enfans ou leur disputait la couronne. Vassili-Vassiliévitch, dit l'Aveugle, avait été nommé à la requête du peuple de Moscow, avec le consentement des princes et du clergé ; Vassili-Ivanovitch-Chouiski fut *élu* tzar et soumis à une capitulation ; l'impératrice Anne, duchesse douairière de Courlande, n'obtint la couronne qu'aux mêmes conditions. Les annales de Lomonosow démontrent que c'était en vertu du droit d'élection que les tzars montaient sur le trône. Pierre Ier voulut priver la nation du droit d'élire ses souverains ; il détermina un ordre de succession, mais il en abandonna la règle à ses successeurs ; en sorte que la couronne fut indistinctement portée en Russie par l'un ou l'autre sexe. On voit que Pierre Ier ne prit aucunes mesures pour établir ce grand principe de conservation héréditaire auquel sont attachés le repos et la félicité des peuples. A la mort de ce monarque, il n'existait réellement aucune règle fixe pour la succession au trône, aucun corps pour en déclarer la vacance, aucune élection pour le remplir, aucune autorité pour l'assurer. Plusieurs souverains avaient, de leur vivant, nommé leurs successeurs. Pierre Ier lui-même avait été désigné par Fédor Alexiévitch pour son seul héritier, quoiqu'il fût le plus jeune des frères. L'on a vu dans le dix-huitième siècle le souverain de la Russie disposer à volonté du trône par des testamens, des décrets, des cessions ou autres actes semblables ; la légalité, la validité de ces nominations paraissent n'avoir besoin d'aucune preuve, puisque les souverains russes règnent avec une autorité illimitée.

Quoique le peuple eût renoncé au droit de participer à l'élection des tzars, quoique ce droit eût été abandonné aux souverains pendant la durée de la race régnante, l'hérédité au trône a été renouvelée et confirmée plusieurs fois par la nation depuis le règne de Pierre Ier : on n'a point eu égard à l'ordonnance énoncée dans le testament de ce prince. L'impératrice Anne en appela expressément à cette ordonnance ; néanmoins elle fut obligée de signer une capitulation avec la nation : on interdit à cette impératrice, avant son accession, la faculté de se nommer un successeur sans le consentement du sénat : le conseil se crut autorisé à prendre une part active à son élection. Le manifeste de 1730 va même jusqu'à dire que cette souveraine est élevée au trône par *la volonté* et le choix unanime de la nation. L'impératrice déclare dans ce manifeste que tous ses fidèles sujets l'ont requise de prendre le souverain pouvoir. Tout le monde connaît les *droits* en vertu desquels Catherine II monta sur le trône de Pierre III, son époux, et l'occupa pendant trente-quatre ans.

Le pouvoir du monarque étant despotique en Russie, cet empire n'ayant pas de constitution, de lois positives, le souverain peut rappeler ou rejeter à volonté l'ordonnance de succession donnée par Pierre Ier; il peut se nommer un successeur dans la maison régnante ou dans une maison étrangère; il le peut même en vertu de l'ordonnance de Pierre Ier, et des commentaires publiés sur cette ordonnance sous l'autorité du gouvernement. Ce *législateur* a posé en principe fondamental, *que la volonté du monarque étant la loi, cette volonté devait avoir force de loi :* par conséquent, un empereur de Russie a le droit d'annuler, selon ses caprices, les ordonnances admises ou reconnues relativement à l'hérédité du trône dans la famille régnante.

On a vu, dans ces derniers temps, des ordonnances impériales déterminer le droit de succession, et ordonner qu'il *demeurera invariablement fixé ;* mais ces ordonnances étant la volonté arbitraire du souverain, aucune autorité n'en appuyant l'exécution, le droit de succession au trône reste toujours indéterminé de fait ; il est dépendant d'une conjuration ou des circonstances dans lesquelles se trouve l'état, ou plutôt la cour, au moment de la vacance du trône des tzars.

En Russie, la volonté du souverain est *la règle, la loi* de l'état. Paul Ier faisait consister les principes de la justice dans son infaillibilité; les ministres disaient, *L'empereur ne peut se tromper, et on ne peut le tromper* : aussi ce n'était pas le fait qui constituait le crime, mais l'opinion de Paul Ier. Quelles institutions durables, quelles lois sages peut se promettre un empire où le despotisme a la faculté d'agir avec une telle indépendance des règles et avec une autorité aussi arbitraire ?

Nous nous sommes étendus sur cette matière, afin de montrer combien le trône est chancelant en Russie, à quel point le défaut de lois fondamentales y expose la personne du souverain, et à quelles révolutions est condamné un empire où il n'y a aucune barrière entre le trône et le peuple.

Cet empire avait été si long-temps ignoré, que, lorsqu'une ambassade moscovite arriva en France à la fin du dix-septième siècle, les courtisans de Louis XIV daignèrent à peine s'en apercevoir; il fallut toutes les extravagances guerrières de Charles XII, et les revers éclatans qui en furent la suite, pour donner à la Russie une existence politique; il fallut toute la faiblesse des ministres de Louis XV pour permettre à l'empire russe d'affecter cette prééminence, de déployer cette ambition qui ont entraîné la ruine du système fédératif de l'Europe. La philantropique impéritie des ministres, l'irruption de tous les principes d'une fausse philosophie mariée avec un despotisme faible et irrégulier, cette contagieuse admiration des libertés et des coutumes anglaises qui pénétra dans tous les cabinets et vint donner aussitôt une direction fausse à tous les esprits, ces causes réunies contribuèrent puissamment à amener, à introduire dans le centre du monde civilisé cet empire asiatique et barbare dont les usurpations, long-temps ignorées ou souffertes, menaçaient hier encore l'indépendance du nord et du midi de l'Europe : enfin il était également réservé au dix-huitième siècle de permettre que la querelle des marchands devînt désormais la querelle des nations.

Car l'on doit considérer l'Angleterre et la Russie comme les deux grands mobiles qui agitent le monde politique. La première de ces puissances attaque l'indépendance maritime; la seconde menace l'indépendance continentale des nations. Ce système, profondément hostile, des cabinets de Londres et de Saint-Pétersbourg, a pris naissance à l'époque de l'affaiblissement de la monarchie suédoise, c'est-à-dire sous le règne de Pierre Ier.

Ce souverain avait résolu *d'anéantir* la Suède; il lui enleva quatre provinces; et c'est par ces provinces que la Russie a pénétré en Europe. On a dit *que Saint-Pétersbourg était la fenêtre par laquelle la Russie découvrait l'Europe;* mais si la témérité de Charles XII ouvrit cette fenêtre aux Moscovites, l'inexplicable conduite du dernier roi de Suède a donné, de nos jours, à l'empire russe une immense frontière sur la mer Baltique, frontière qui achève de placer cette mer sous la domination du cabinet de Saint-Pétersbourg. La conduite du cabinet de Stockholm a surtout été funeste au Danemarck, sous le double rapport de la puissance navale et de l'influence politique ; elle a exposé tout le nord de l'Allemagne aux usurpations du cabinet de Saint-Pétersbourg.

Funestes conséquences des conseils britanniques, déplorables effets d'une haine excitée par l'Angleterre, fomentée par la Russie ! L'Europe a vu Gustave IV-Adolphe amoindrir chaque jour son importance politique, sans rien faire pour la prospérité de son royaume, mécontenter à la fois ses alliés et ses ennemis ; se dérober à une alliance qui devait assurer la prospérité de la Suède, et se laisser enchaîner à une coalition qui devait entraîner la ruine de la monarchie : coalition dont les victoires eussent été plus terribles que les défaites pour la nation suédoise ! L'Europe a vu le successeur de Gustave-Adolphe se jeter dans une ligue insensée, ne rien faire pour la gloire, et faire tout contre les intérêts de sa couronne ; s'obstiner à ne vouloir pas être sauvé, et trembler à chaque instant de se perdre. C'en était fait de la Suède, si un prince sage et mûri par une longue expérience n'eût eu le courage de prendre en main ce sceptre à demi brisé, qui allait tomber de lui-même entre les mains de la Russie.

Espérons, pour le repos du nord de l'Europe, pour le bonheur de la Suède, que les véritables intérêts de la monarchie suédoise prévaudront enfin sur les conseils de l'Angleterre, sur les passions et les erreurs qui avaient entraîné le cabinet de Stockholm dans les plus désastreuses résolutions; espérons que ce cabinet, dirigé aujourd'hui par un monarque sage, défendu par un prince valeureux, cherchera, dans une alliance intime avec le cabinet des Tuileries, la gloire et la force que l'alliance française procura dans les deux derniers siècles à la monarchie des Gustaves, et que la nation Suédoise trouvera, dans cette alliance de famille avec la nation française, une augmentation de puissance et de prospérité qui assureront les libertés et le repos du nord de l'Europe contre les usurpations de la Russie.

L'impératrice Catherine était parvenue, en 1787, à se faire reconnaître garante de l'exécution des traités de Westphalie : c'était dépouiller la Suède de toute son influence dans le nord de l'Allemagne. En 1796, cette souveraine s'empara définitivement de la Courlande; le port de Windau, situé à l'extrémité orientale du duché, n'est jamais fermé par les glaces; mais cette station protége plutôt le golfe de Riga qu'elle ne menace la mer Baltique;

cette station n'était rien pour l'ambition russe : il fallait envahir la Finlande, et porter les frontières de la Russie dans le centre même de la Suède ! Lorsqu'on parle de la monarchie suédoise dans le cabinet de Saint-Pétersbourg, on dit *l'épine-suédoise* ; la destruction de la monarchie des Gustaves est, depuis le règne de Pierre Ier, un des projets chéris de ce cabinet : il est parvenu à démembrer la Suède, comme la Pologne, comme la Turquie ; et, sans l'intervention de l'empire français, la Suède et la Turquie eussent disparu du nombre des puissances de l'Europe.

Le respect dû à la dignité souveraine interdit toute réflexion sur les motifs, mercantiles ou politiques, qui ont conduit le dernier roi de Suède à l'étonnant oubli de toutes les sûretés, de toutes les bienséances que lui imposaient l'honneur de sa couronne et les intérêts de ses peuples. Nous nous bornerons à répéter qu'aucune nation n'eut jamais d'aussi forts, d'aussi légitimes motifs de haine et de vengeance contre l'empire russe, que la nation suédoise, que la nation polonaise, que la nation ottomane ; les temps sont arrivés où ces puissances doivent reconquérir leur existence politique : ainsi le veut l'ordre, le repos de l'Europe ; ainsi l'ordonnent l'honneur et la prospérité du peuple suédois, du peuple polonais. Tout est honorable et juste, tout devient facile aujourd'hui sous la protection de l'empereur des Français, et l'Europe sera étonnée de la faiblesse intérieure de l'empire russe, non moins qu'elle a été indignée de ses usurpations et de sa tyrannie en Suède, en Turquie, en Pologne.

Si Pierre Ier prépara le démembrement de la Pologne, ses successeurs y travaillèrent sans relâche pendant un demi-siècle ; Catherine II le consomma : cette souveraine fit avancer la Russie jusque dans le cœur de l'Europe. On dut alors être frappé de la justesse de cette maxime fondamentale du droit public : « *La grandeur de la France est une sûreté réelle pour l'Europe, une garantie constante pour les droits et les libertés des états faibles contre les états forts.* » La grande erreur, la grande faute des principaux cabinets, est d'avoir craint cette prépondérance du cabinet de Versailles, d'avoir cherché à affaiblir et à diviser la monarchie française : l'amour-propre, comme on voit, est pour les états un conseiller aussi dangereux que l'ambition. Les grands cabinets de l'Europe redoutaient l'influence du cabinet de Versailles, cette influence essentiellement protectrice des libertés de l'Europe, et ils favorisaient tous les desseins, tous les projets de la Russie : ils attiraient, si l'on peut parler ainsi, l'empire russe dans le centre de l'Allemagne! Dès l'année 1717, l'on vit vingt-cinq mille Russes pénétrer dans l'Empire et camper dans le Mecklembourg ; Pierre Ier y laissa ses cosaques, son armée, et, dans l'entrevue qu'il eut à Havelberg avec le roi de Prusse, le tzar chercha ouvertement à trafiquer des libertés de l'Allemagne. Ce souverain voulait à toute force s'immiscer dans les affaires intérieures du corps germanique, et acquérir un port à l'embouchure de l'Elbe. Les écrits du temps les plus authentiques attestent unanimement que, depuis son départ de Saint-Pétersbourg jusques à son arrivée sur les frontières de France, Pierre Ier ne cessa de se livrer aux plus odieuses, aux plus viles intrigues contre le cabinet de Versailles ; on vit enfin le souverain de la Russie manquer de respect à la fondatrice de Saint-Cyr, et insulter, à Paris, aux derniers momens de la veuve de Louis XIV.

Le cabinet de Saint-Pétersbourg s'est constamment attaché à affaiblir, à détruire la considération politique du cabinet de Versailles ; c'est sur les débris de l'influence française que s'est élevé dans le nord le despotisme russe, despotisme dont les ravages politiques se sont étendus sur toute la surface de l'Europe dans l'espace de quarante années. La vénalité, la faiblesse des ministres de France, dans ces temps où une toilette de courtisane décidait du destin de l'Europe, laissèrent la Russie maîtresse d'exécuter, sans la moindre inquiétude, tous ses plans de partage et de démembremens; leur violence ne produisit pas même, dans les cabinets, le scandale que provoque une injustice de village : toutes les cours favorisèrent à l'envi une cupidité et une ambition exécrables : les écrivains et les poëtes chantèrent ces ravages ; ils célébrèrent l'empire russe comme le plus puissant et le plus juste, comme la source des lumières et de la véritable gloire ; ils appelèrent hautement les princes de la maison des tzars au trône de l'orient.... Faut-il donc s'étonner si le cabinet de Saint-Pétersbourg ne connut plus aucune réserve, aucune crainte, aucune difficulté; si une souveraine, dont tout le génie consistait dans les petites passions d'une femme armée d'un pouvoir despotique, se crut autorisée à partager, selon ses caprices, les provinces polonaises et les provinces turques? Ce dont il faut être étonné, au contraire, c'est que Constantinople ne soit pas tombé au pouvoir de la Russie. Catherine II en était venue au point de se persuader qu'il appartenait à son trône de prononcer sur le sort de l'Europe; son cabinet fut au moment de réaliser cette monstrueuse prétention, lorsque la révolution de France eut privé l'Europe du seul appui qui pouvait protéger et défendre tous les états européens, soit les uns contre les autres, soit tous ensemble contre les invasions de l'empire russe.

S'il fallait une nouvelle preuve de l'impolitique des cours, de l'esprit de vertige qui s'était emparé, à cette époque, des cabinets des souverains, on la trouverait dans la conduite de la Suède. Cette petite monarchie sonna le tocsin contre la France; c'est aux dépens de leur couronne, de leur existence politique, que les successeurs de Gustave-Vasa, de Gustave-Adolphe, provoquèrent la ruine du seul allié qui pouvait les préserver de l'entière destruction dont la Russie ne cesse de les menacer ouvertement depuis la fin du règne de Louis XIV.

Il convient d'examiner les forces réelles de cet empire, sans se laisser éblouir par toutes ces déclamations philosophiques, par ces exagérations de puissance et de gloire que M. de Voltaire, que les encyclopédistes, que cette foule d'écrivains aux gages de la Russie ont mis en avant depuis plus de cinquante ans, sans être étonné de l'ambition, vraiment gigantesque, qui signale la politique du cabinet de Saint-Pétersbourg depuis l'instant où l'empire fut transplanté de Moscow sur la mer Baltique.

Depuis la dissolution du royaume de Pologne, l'empire russe descend sur l'Europe avec une force, avec une rapidité, avec une habileté également remarquables ; il a plus augmenté sa puissance, il a acquis dans l'espace de quelques années une influence plus redoutable que n'eût pu le lui permettre un siècle entier de succès dans l'ancien équilibre de la puissance européenne. L'empire russe s'avance sur le midi et sur l'occident, fort de tous les avantages de la barbarie et de tous les bienfaits de la civilisation ; il conquiert sans cesse, et chacune de ses conquêtes ajoute à la force de l'état; il s'étend et se fortifie à la fois : cet empire couvre de ses pieds d'airain la moitié de l'Europe et un tiers de l'Asie ; son territoire, sa population et ses revenus augmentent à vue d'œil; il s'agrandit sans perdre le moindre de ses avantages en aucune circonstance ; il ne connaît aucune résistance dans le nord, dans le Levant, et il semble que son énorme puissance commence à peine à s'organiser. Cet empire si formidable n'a pas cependant une consistance réelle, proportionnée au développement de ses forces; il peut être facilement démembré, il est toujours au moment de crouler pour ainsi dire sur lui-même.

L'empire russe possède, dans son immense territoire, tous les climats, une grande partie des productions et presque tous les élémens de prospérité qui appartiennent aux divers états de l'Europe. Ses frontières septentrionales et orientales sont inaccessibles aux armées européennes; depuis la dissolution du royaume de Pologne, ses frontières occidentales et méridionales étaient à l'abri d'une invasion, surtout si l'on veut considérer que la Suède et le Danemarck se trouvaient en quelque sorte placées sous la dépendance du cabinet de Saint-Pétersbourg, et avaient perdu en se désunissant le pouvoir de faire respecter la liberté de la mer Baltique. Le nombre, l'étendue, la situation des provinces russes, les distances et les déserts qui les séparent des grands états de l'Europe contribuaient à la sûreté de l'empire et semblaient en garantir la durée; son cabinet entretenait avec art les animosités, les jalousies et les guerres entre les puissances du continent; il ne prenait une part active à ces guerres qu'autant qu'elles favorisaient ses projets de conquête ; il n'offrait jamais de garantie véritable, ni pour ses alliances, ni contre ses entreprises ; il n'entrait jamais de bonne foi dans le système de l'Europe pour en assurer la tranquillité et la durée ; ses souverains avaient formé, depuis un siècle, toutes les alliances politiques et domestiques qui pouvaient seconder le système russe ; ils ne s'étaient engagés envers aucun état par une alliance réelle, positive, qui eût véritablement pour but de protéger ou défendre des intérêts réciproques, des intérêts stables, appropriés au repos ou à l'équilibre de l'Europe : ces souverains abusaient à la fois de la renommée de l'empire et de la population de l'état.

La population de la Russie, au commencement de l'année dernière, pouvait être évaluée, sans exagération, à environ quarante millions d'individus, en comprenant tous les envahissemens, toutes les réunions de territoires effectués jusqu'à cette époque. A l'avénement de Pierre Ier à la couronne, la population était estimée à environ treize millions d'âmes ; elle était de quinze millions à la mort de ce souverain. Lorsque Catherine II se plaça sur le trône, la population de toutes les provinces russes n'excédait pas dix-neuf millions d'individus : cette impératrice provoqua avec ostentation, dans tous les états européens, l'émigration des cultivateurs, des manufacturiers, des artisans ; et plusieurs gouvernemens consentirent à augmenter le nombre des sujets de la Russie aux dépens de la population de leurs provinces. La population de l'empire russe reçut pendant le règne de Catherine II une augmentation prodigieuse, sans exemple dans aucun état ; elle s'éleva, dans l'espace de trente-quatre ans, de dix-neuf millions à environ trente-six millions d'individus. Tels furent les résultats de ce système de conquêtes et d'envahissemens mis à exécution par Catherine II, aux dépens de l'empire ottoman, aux dépens du royaume de Pologne ; car il faut attribuer principalement à la destruction de ce royaume, l'accroissement d'une population qui s'élève aujourd'hui à quarante millions d'âmes.

Un cinquième environ de la population russe est répandu, ou plutôt perdu dans des provinces infiniment éloignées de la capitale de l'empire, dans des déserts dont les noms même ne sont pas fixés avec précision ; un second cinquième de cette population pèse sur les frontières de la Perse et sur celles de la Turquie asiatique : le reste est porté tout entier sur les frontières septentrionales et orientales de l'Allemagne.

Cette dernière force y est placée de telle sorte, que, jusqu'à ce jour, la Russie pouvait faire craindre au Danemarck et à la Suède une destruction totale, et pouvait en même temps menacer l'Autriche, la Prusse et une grande partie de l'Allemagne, sans présenter à ces puissances, sous le rapport militaire et territorial, de suffisans dédommagemens d'une guerre qu'elles auraient eue à soutenir contre la Russie.

Tels sont les résultats d'influence et de force que la dissolution du royaume de Pologne avait produits, en faveur de la Russie, au détriment de l'Europe ; et, indépendamment de ses propres ressources, ce royaume a fourni au cabinet de Saint-Pétersbourg de grandes facilités pour attaquer avec succès la Suède, la Prusse, l'empire ottoman.

La population augmente annuellement en Russie dans une proportion assez forte ; les dénombremens faits dans plusieurs gouvernemens de l'empire en offrent la preuve. Le nombre des naissances l'emporte constamment sur celui des décès dans la plus grande partie des provinces ; mais la population de l'état n'en est pas moins prodigieusement disproportionnée à l'étendue de l'empire, étendue qui surpasse d'un tiers celle de l'empire romain sous Trajan. Il ne faut pas attribuer cette augmentation progressive, annuelle, de la population, aux mœurs, aux usages, à l'aisance des peuples de Russie; elle est due à la salubrité du climat. La nature a traité avec la dernière rigueur les provinces du nord et du centre de l'empire ; mais si le climat y est d'une âpreté excessive, les habitans en sont dédommagés, dans leurs organes physiques, par une force et une conservation dont les peuples des climats tempérés ne sont pas appelés à jouir. Ils doivent cette constitution et la longévité, qui en est la conséquence, à l'air également froid et sec que l'on respire dans le plus grand nombre des provinces de l'empire; ils la doivent aussi en partie à un exercice violent, à une nourriture grossière, mais salubre; et, faut-il l'ajouter, pour humilier l'orgueil de l'homme, à l'ignorance profonde dans laquelle ils végètent? elle les préserve de ces peines si vives qui ont tant d'influence sur la vie des peuples civilisés.

Le système militaire établi par Pierre Ier a suivi le progrès des conquêtes; il s'est étendu aussi démesurément que le territoire. Ce souverain entretint jusqu'à trois cent mille hommes de terre ou de mer; aujourd'hui, les armées de terre de la Russie sont fortes d'environ cinq cent cinquante mille hommes effectifs; elles peuvent être facilement portées à sept cent mille hommes, et ce dernier nombre peut même être augmenté. Un ukase suffit pour recruter cent ou cent vingt mille hommes : aussi ce n'est pas tout-à-fait à tort qu'un écrivain anglais a dit que les hommes étaient la meilleure monnaie des empereurs de Russie. Il est cependant convenable d'observer qu'une partie des forces militaires de la Russie se compose de troupes irrégulières, sans discipline, sans esprit national, sans honneur; cette espèce de soldats barbares est uniquement dirigée par le brigandage, par la férocité; ils dévastent tout un pays en un clin-d'œil, mais ils sont hors d'état de tenir tête à des troupes européennes. En général, le soldat russe est fort, il est brave, sobre, insensible à toutes les privations physiques; il n'en connaît pas de morales : il porte une obéissance aveugle à ses chefs; il y joint l'intrépidité excitée par un fanatisme qui lui promet une récompense éternelle s'il ne recule pas dans le combat, s'il est tué dans la bataille : la modicité de sa paye et son endurcissement aux fatigues de la guerre permettent au cabinet de Saint-Pétersbourg d'entretenir une armée en campagne à moitié moins de frais qu'un autre gouvernement; de semblables troupes, terribles pour le pays qu'elles inondent, et où elles portent la dévastation, seraient, il est vrai, dangereuses, et peut-être funestes au territoire russe, si elles étaient réduites à combattre dans l'intérieur de l'empire. Mais, en écartant cette considération, l'autorité despotique qui régit *nécessairement* un empire aussi vaste, le défaut absolu de lumières dans toutes les classes du peuple, le caractère et les usages de ces nations, ou sauvages, ou barbares, qu'aucune civilisation ne saurait atteindre, toutes ces causes assurent au souverain de la Russie une force militaire toujours aveugle dans sa férocité, avide de conquêtes, c'est-à-dire de brigandages, hardie et opiniâtre dans ses expéditions, et continuellement disposée à se répandre dans un climat et sur un sol plus heureux. La Russie trouve cette espèce de soldats dans les territoires du Don et du Volga, dans une partie des provinces conquises sur la Turquie, etc. Il manque aux armées russes de bons généraux, des officiers instruits, une bonne tactique militaire; cependant cet art a fait depuis vingt-cinq ans des progrès sensibles en Russie, par une suite de cet esprit de lumières qui s'est généralement répandu sur l'Europe par les fréquens voyages des Russes dans les pays étrangers. Aujourd'hui il y a de la gloire à vaincre les armées russes; mais ce n'est pas sans une téméraire présomption qu'elles pourraient se flatter de repousser des armées françaises ; dans l'art militaire comme dans tous les autres arts, comme dans les sciences, les Français ont sur les Russes toute la supériorité d'un peuple civilisé sur un peuple barbare : disons encore que les légions françaises voient à leur tête le plus grand homme de guerre qui ait existé, et que ce monarque, père de ses soldats, n'a besoin que d'un seul de ses regards pour les rendre invincibles.

De tout temps les favoris ont été en Russie maîtres du sort de l'empire : Catherine II élevait sans scrupule cette espèce d'hommes aux premiers grades militaires ; aussi les armées russes sont, de toutes les armées européennes, celles où l'on compte le plus de mauvais officiers généraux : il n'y a point de pays, de gouvernement où le mérite, dans tous les genres, soit aussi peu honoré, aussi mal récompensé qu'en Russie ; la faveur, la corruption et l'intrigue y décident de tout. La plupart des grands seigneurs russes, étonnés et indignes de l'être, vivent dans l'opulence et le mépris : ils sont avares et magnifiques, insolens et rampans ; il faut essuyer toute la vanité de leur faste pour obtenir leur protection. Les Russes sont courtisans nés ; ce n'est ni le trône, ni la personne sacrée du monarque qui les attachent ; ils cèdent à une avarice, à une lâcheté également sordides. On ne peut attendre de ces grands seigneurs que des intrigues ou des révolutions de cour ; il n'y a pas *là* d'ambition noble, de véritable fidélité, de grand courage. C'est un vice inhérent à la nature des choses, dans un empire où douze heures suffisent pour exciter une sédition et précipiter un souverain du trône. Aussi la Russie peut avoir de très-bons espions, des ministres très-fins, mais elle ne saurait guère avoir de grands généraux ; aussi remarque-t-on que c'est à des officiers étrangers qu'elle a dû, depuis le règne de Pierre Ier, une grande partie de la réputation militaire dont elle jouit.

Malgré la force imposante des armées russes, le cabinet de Saint-Pétersbourg n'a dû qu'à des causes accidentelles cette grande réputation dont il jouissait en Europe, ainsi que l'influence excessive qu'il s'arrogeait dans les affaires générales. On ne saurait trop le redire, la fausse et cupide politique des grandes puissances à des époques qu'il devient inutile de rappeler, l'état de confusion où se trouva le cabinet de Versailles dans les mêmes temps, et les troubles de la France, depuis 1789, avaient plongé les rapports fédératifs des divers états dans une sorte d'anarchie : ces circonstances avaient permis à la Russie d'étendre aussi démesurément son influence et ses usurpations politiques : mais les choses en étaient venues à ce point, qu'il fallait le génie et la force de l'empereur Napoléon pour assigner des bornes à cet empire, arrêter ses ravages, sauver les puissances du nord d'une ruine totale, et préserver enfin l'Europe des plus sanglans déchiremens.

Nous parlons à chaque instant de l'ambition de la Russie, des erreurs des grands cabinets de l'Europe, mais l'on ne peut faire un pas, depuis cinquante ans, dans l'histoire de la politique, sans avoir sous les yeux cet affligeant tableau de barbarie et de dégradation. Nous y reviendrons toutes les fois que notre sujet l'exigera; un intérêt aussi majeur nous fait espérer qu'on pardonnera les répétitions et le défaut de méthode que cet écrit peut présenter. Nous ne cherchons pas à être éloquent, nous désirons être utile.

L'Europe a peu de dangers à craindre de la Russie sous le rapport maritime, aussi long-temps que cet empire n'aura pas pris position à Constantinople. Il possède bien, et dans une inépuisable abondance, les bois et toutes les matières premières qu'exige la construction navale ; la main d'œuvre y est à plus bas prix que dans les autres contrées de l'Europe ; mais ses marins n'ont en général aucune des connaissances demandées par le plus savant et le plus difficile de tous les arts. Rien n'est comparable à l'ignorance des officiers, au peu d'habileté des matelots de la marine russe ; à peine sauraient-ils conduire une escadre de la mer du nord dans la Méditerranée sans le secours des officiers anglais ; c'est dans les ports de la Grande-Bretagne que les amiraux de Catherine allaient prendre les premières leçons de l'art nautique ; et si l'empire russe voit aujourd'hui à la tête du ministère de sa marine un des premiers officiers de mer qu'il y ait en Europe, un officier de mer plus profond, plus versé dans son art qu'aucun des amiraux de l'Angleterre, M. le marquis de Traversay, c'est encore à la révolution française qu'elle doit cet avantage. Il est douteux que la gloire et la force navale de la Russie en profitent ; ses marins ne peuvent pas acquérir dans la navigation cette expérience et cette pratique qu'aucune théorie ne remplacera jamais ; la nature s'y oppose d'une manière irrésistible. Les mers de Russie sont fermées par les glaces pendant six mois de l'année ; ce sont des mers intérieures, exposées à de continuels orages ; leurs eaux sont parsemées d'écueils et remplies de bas-fonds. La mer Caspienne, et même la mer Noire ne comportent pas une marine qui puisse devenir formidable, à considérer la force navale sous le rapport d'importance qu'elle a eue pour la Hollande, l'Angleterre, l'Espagne, la France : et ces soixante vaisseaux de ligne dont le cabinet de Saint-Pétersbourg donne pompeusement la liste à l'Europe sont hors d'état de tenir tête à une escadre anglaise ou française de vingt vaisseaux de ligne.

Pierre Ier, auquel rien de tout ce qui peut servir une grande ambition n'avait échappé, Pierre Ier avait conçu le projet d'envoyer une escadre russe dans la Méditerranée, et d'attaquer l'empire ottoman par les Dardanelles. Catherine II exécuta ce grand projet avec l'ostentation qui présidait à toutes ses entreprises. Mais ses flottes, commandées et montées en partie par des officiers anglais, ne parvinrent pas même à forcer les Dardanelles : elles ravagèrent les îles de l'Archipel, firent soulever les provinces maritimes de la Turquie, infestèrent le commerce des nations européennes dans le Levant, et incendièrent la flotte russe sur les côtes de la Natolie, sans pouvoir réussir à forcer le détroit. Des escadres russes ne seraient à craindre pour l'Europe que dans le cas où la Russie aurait des arsenaux et des ports sur les côtes de la Méditerranée et à Constantinople : dans la situation présente des choses, la force maritime de cette puissance ne mérite aucune attention. Mais les particularités de la campagne de mer de 1770, que nous venons de citer, montrent aussi que, sous ce rapport secondaire, l'empire ottoman est le véritable boulevard, la seule barrière que l'Europe puisse opposer aux envahissemens de la Russie, de même que la Pologne est la seule barrière, qui puisse arrêter dans le nord les inondations de ces barbares. Par la nature des choses, Constantinople et Varsovie sont les deux grandes citadelles de l'occident, les deux boulevards du système continental et européen.

Si la marine militaire de la Russie est à peu près nulle, dans l'ensemble des forces navales de l'Europe, sa marine marchande n'a pas une plus grande importance. Les fleuves, les rivières, les canaux, les lacs renfermés dans l'empire russe sont obstrués par les glaces pendant une partie considérable de l'année. La nature du gouvernement, le despotisme et la corruption des ministres, le défaut de lois ou de garantie en faveur de la liberté et de la propriété des sujets ; l'impéritie des Russes dans tout ce qui concerne l'industrie et les arts ; leur caractère dépourvu de loyauté, astucieux et très-fin, caractère qui réunit les vices de la barbarie à ceux de la corruption ; tels sont les obstacles physiques et moraux qui arrêteront dans tous les temps les progrès de la navigation et du commerce de cet empire ; il ne peut même avoir qu'un commerce passif, quelque considérables que soient d'ailleurs ses échanges, quelque brillant que ce commerce paraisse, lorsque tout le superflu de ses productions naturelles n'est plus suffisant pour solder les objets de luxe importés dans ses capitales. Un publiciste versé dans la science du commerce, science devenue par sa perfection le *fléau* de l'Europe, observe qu'un vaisseau chargé de quincaillerie anglaise équivaut à trente bâtimens russes chargés de bois, de fer et de chanvre. En effet, l'industrie, les arts, les manufactures de la Russie sont encore dans l'enfance ; les objets qui sortent de ses fabriques, de ses ateliers, sont en général grossiers, mal travaillés et entièrement dépourvus de goût : c'est le pays de l'Europe où l'on trouve le moins d'ouvriers habiles, le moins d'hommes instruits dans les arts ; il n'y a en Russie que de bons courtisans et de bons esclaves ; le despotisme y tue le génie, l'activité, l'amour de la gloire, et jusqu'à l'intelligence des arts ; la servitude et l'orgueil prospèrent seuls sous sa main de fer.

La Russie s'est *ruinée* avant d'être riche ; rien ne le prouve davantage que les importations de luxe qui ont lieu dans cet empire ; elles vont sans cesse en augmentant. Les grands, les particuliers tant soit peu aisés, veulent, à quelque prix que ce soit, vivre à Saint-Pétersbourg et à Moscow avec les commodités et le faste dont jouissent, en France et en Angleterre, les personnes qui trouvent dans ces pays opulens tous les objets d'agrément, de luxe, de magnificence que sollicitent leurs désirs. Cette ostentation dans les mœurs russes livre à l'Angleterre la presque totalité des productions de l'empire, et la Russie achète aux Anglais, souvent de la troisième et quatrième main ; elle paye à un prix exorbitant les produits français, au lieu de les tirer directement : aussi n'est-ce pas sans raison que Saint-Pétersbourg est appelé en Angleterre *la Londres du nord*, et qu'on y donne aux provinces russes de la Baltique le nom d'*Indes septentrionales*.

Les Anglais, il est vrai, ont en Russie un avantage bien grand dans le système commercial, celui d'une longue possession, d'une longue pratique. En cherchant, vers le milieu du seizième siècle, un passage pour aller aux Grandes-Indes par les mers du nord et de l'est, ils découvrirent Archangel, pénétrèrent dans la Moscovie, et y formèrent des liaisons de commerce; ils jugèrent de leur importance par celle du commerce que les provinces méridionales de la Russie avaient fait deux siècles auparavant; car, avant les conquêtes de Tamerlan, les provinces septentrionales de la mer Noire étaient l'entrepôt des marchandises de la Grèce, et même de celles des Indes; les productions de l'Asie se transportaient alors sur le Tanaïs, sur le Borysthène, et elles enrichissaient les contrées arrosées par les grands fleuves qui portent leurs eaux à la mer Noire. Les dévastations des Tartares interceptèrent cette grande route commerciale; la découverte du cap de Bonne-Espérance et la conquête d'Azoph par les Turcs la fermèrent tout-à-fait. Moscow, ville plus asiatique qu'européenne, et la capitale territoriale de l'empire russe, car Saint-Pétersbourg n'est que la capitale politique, Moscow était, à cette époque reculée, le centre d'un grand commerce; celui de la mer Caspienne, celui de la mer Noire et une portion des richesses de l'Inde, refluaient dans cette métropole; la découverte du cap de Bonne-Espérance et celle de l'Amérique ont nécessairement privé Moscow d'une grande partie de ses avantages commerciaux. Mais cette ville est encore, elle sera dans tous les temps, le centre d'un grand commerce intérieur; la moitié de celui de Saint-Pétersbourg passe par les mains des négocians de Moscow; ils retirent de gros bénéfices du commerce de la mer Noire et de la mer Caspienne par Odessa et par Azoph. Pierre Ier avait senti l'importance de cette dernière place; située à l'embouchure du Don, elle est la clef du commerce oriental de la mer Noire : aussi ce monarque, qui manifesta toute sa vie l'intention de s'emparer de la navigation et des échanges de la mer Noire et de la mer Caspienne, fit-il les plus grands efforts pour former des établissemens militaires sur leurs bords. Il ouvrit le port d'Azoph aux Anglais, il les appela dans les ports de la Baltique qu'il avait conquis sur les Suédois. Les Anglais portèrent en Russie les produits de leurs manufactures, les marchandises des deux Indes, les vins et les eaux-de-vie de France et d'Espagne; ils tirèrent de la Russie les matières premières pour leur marine militaire et marchande. Élisabeth accorda, en 1744, aux négocians anglais la permission de naviguer sur la mer Caspienne; ils en profitèrent pour tirer de la Perse une grande quantité de soie et de coton : cette permission leur fut confirmée dans les traités de commerce renouvelés à Londres en 1766 et 1775. Aujourd'hui les Anglais possèdent des comptoirs, des factoreries, des maisons de banque, des manufactures, à Saint-Pétersbourg, à Moscow, à Tula, à Kasan, à Astrakan, etc.; ils font fabriquer dans l'empire russe une partie des cordages et des voiles nécessaires à leur marine; leurs négocians, leurs artisans, leurs courtiers étendent les opérations de commerce jusque dans la grande Tartarie, à Samarkande, à Bolkara. Depuis Riga jusqu'à Astrakan, il n'est pas un individu, hors de la classe du peuple, qui ne soit vêtu avec les draps, les étoffes de la Grande-Bretagne : dans toute l'étendue de l'empire russe, les Anglais exploitent, manufacturent, exportent et importent : ils sont en réalité *propriétaires* de la Russie, puisqu'ils recueillent les productions de cet empire et en fixent les prix. D'après cela, l'on peut juger pourquoi le commerce anglo-russe influe d'une manière directe sur le système fédératif de la Russie, pourquoi le système du cabinet de Saint-Pétersbourg se montre, depuis vingt ans, si opposé aux intérêts de l'empire français, à ceux de l'Europe entière : l'esprit commercial explique aussi les mésintelligences survenues, dans de certaines conjonctures, entre les cabinets de Londres et de Saint-Pétersbourg; car le commerce, de sa nature, est jaloux et exclusif; il ne voit jamais que lui dans les relations politiques des empires : les avantages *présens* décident presque toujours de ces relations; de là vient que tout état, dont l'existence est principalement fondée sur le commerce, est souvent allié et ennemi tout ensemble d'une puissance, selon que les distances, les lieux, des accidens imprévus, ou des chances politiques quelconques, favorisent et contrarient en même temps le système commercial de cet état. On a vu l'Angleterre, alliée de la Hollande en Europe, fournir des moyens pour combattre cette puissance en Amérique et dans l'Inde ; on a vu le cabinet de Saint-James donner un plein assentiment à toutes les usurpations de la Russie dans le nord de l'Europe, et favoriser, sur la mer Noire et la mer Caspienne, les ennemis du cabinet de Saint-Pétersbourg. Ces observations montrent, dans tous les sens, à quels bouleversemens serait exposé un jour le continent, si la Russie et l'Angleterre n'étaient pas irrévocablement expulsées de la mer Noire, si la sûreté de Constantinople et l'intégrité de l'empire ottoman pouvaient être compromises de nouveau par quelque cause que ce pût être.

Catherine II montra une prédilection éclatante pour les Anglais, aussi long-temps que leur cabinet ne s'opposa pas à ses projets sur la Turquie, sur la Pologne; elle avait promis à la cour de Londres de lui fournir des troupes *pour combattre les Américains*, et l'Angleterre avait consenti à lui abandonner l'île de Minorque : le cabinet de Saint-James fut jusqu'à signifier à Madrid et à Versailles qu'il regarderait comme un acte d'hostilité le refus de laisser entrer les escadres russes dans la Méditerranée : mais Catherine II se montra ennemie des Anglais, lorsque leur cabinet voulut contrarier ses entreprises en Turquie.

Après la paix de 1783, le ministère britannique avait jugé convenable à ses intérêts de s'opposer au démembrement de la Turquie ; la cour de Versailles semblait le favoriser. Lorsqu'on dit *semblait le favoriser*, on est bien éloigné de penser que le cabinet de France eût prêté les mains à une semblable injustice politique ; la Porte ottomane n'a jamais eu, elle n'aura jamais d'alliée plus sincère, plus fidèle que la France ; la Turquie et la France sont inséparablement unies dans le système politique : nous voulons dire seulement que, telle était alors la force des circonstances où se trouvait l'Europe, que le cabinet de Versailles ne pouvait manifester l'intention où il était de défendre la Porte ottomane. Pendant toute la durée de la guerre d'Amérique, le cabinet de Versailles n'avait eu qu'un seul objet en vue à Saint-Pétersbourg, celui de détacher, à force de condescendances politiques, la Russie de l'Angleterre : c'est dans cet esprit que M. de Saint-Priest avait engagé la Porte ottomane à accorder aux Grecs répandus dans les provinces de la Moldavie et de la Valachie toutes les prérogatives que la Russie *exigeait* en leur faveur, à consentir que les gouverneurs de ces provinces ne pussent être déposés sous aucun prétexte, à augmenter les priviléges de la navigation des Russes dans les mers ottomanes. Voilà un des fâcheux résultats que produisit pour la France l'impolitique guerre d'Amérique : la Russie n'en demeura pas moins alliée de l'Angleterre, et elle profita de la condescendance du cabinet de Versailles pour étendre ses usurpations en Turquie. En 1786, les Anglais avaient conclu un traité de commerce avec la France ; ils craignirent sans doute, la France et la Russie demeurant unies, et le démembrement des provinces turques venant à s'effectuer dans ces circonstances, que le pavillon français ne recueillît presque exclusivement les bénéfices du commerce du Levant : leur ministère s'opposa donc de bonne foi, *par esprit de cupidité*, aux projets de la cour de Saint-Pétersbourg. Mais les malheurs de la révolution n'ayant pas laissé à la France un seul allié en Europe, le cabinet de Londres se ressaisit de toute son influence en Russie : le traité conclu, en 1795, entre George III et Catherine II, cimenta une union dont tous les effets devaient être, militairement et commercialement, dirigés contre les alliés naturels de la France. L'empereur Paul Ier montra bien quelques lueurs de saine politique ; il sentit la nécessité de s'opposer au despotisme maritime de l'Angleterre ; mais les Woronzow, dont l'ambition trafiquait à la fois de l'honneur de leur famille et des intérêts de l'état, les Woronzow firent triompher dans le cabinet de leur souverain les prétentions de la Grande-Bretagne ; et cette dernière cour livra sans nulle réserve la Pologne et la Turquie à la rapacité des ministres russes. Paul Ier voulut revenir sur ses pas et se soustraire à la dépendance du cabinet de Saint James ; il n'était plus temps : ce monarque paya de sa vie une résolution généreuse et si honorable pour son empire.

Il serait difficile de passer sous silence les sentimens qu'exprimèrent, dans ces différentes conjonctures, les hommes d'état les plus célèbres d'Angleterre ; cette digression est analogue à notre sujet.

On ne saurait, sans injustice, refuser à M. Pitt une partie des talens qui constituent l'homme d'état ; ce ministre en fit preuve lorsqu'il fut question de prendre un parti décisif sur les affaires de Pologne, il montra une forte opposition aux vues de la Russie : mais le premier démembrement qui avait été effectué vingt ans auparavant rendait en quelque sorte inévitable la dissolution de cette puissance ; voici cependant ce que disait M. Burke, en 1791, au sujet des affaires de Pologne. « Je puis toutefois certifier que si
« l'Angleterre avait voulu concourir à sauver la
« Pologne et à faire échouer *une expédition*
« *d'un exemple si dangereux*, la France,
« quoique très-épuisée par la guerre dernière
« et gouvernée par un prince apathique, l'au-
« rait secondée de toutes ses forces. Mais un
« sentiment d'indifférence pour un objet si
« lointain, et le choc des principes et des
« passions qui se heurtaient alors si violemment

« dans notre île, empêchèrent le cabinet de
« Westminster d'encourager les dispositions
« de celui de Versailles. Il me semble toute-
« fois que l'Angleterre et la France avaient
« *un intérêt commun* dans cette occasion. »
Quelle que pût être encore la possibilité de
prévenir les derniers partages de la Pologne,
au milieu des troubles occasionés par la révolution française, il n'en est pas moins constant que M. Pitt et M. Burke jugèrent cette
grande iniquité comme elle méritait de l'être.

Il n'est pas sans intérêt de rappeler que
M. Fox et ses collègues dans le parti de
l'opposition, hautement accusés par le roi
Stanislas d'avoir contribué de tous leurs moyens
à la dissolution totale de la Pologne, soutin-
rent en 1795, dans la chambre des communes,
cette opinion : « Qu'il était utile et conve-
« nable de s'allier *plus étroitement que jamais*
« avec l'impératrice Catherine II, et que
« ce n'était pas aux Anglais à juger si la con-
« quête de la Pologne était une chose *juste*
« ou *injuste;* qu'il suffisait d'examiner si un
« *changement* politique de cette nature était
« compatible avec les intérêts de la Grande-
« Bretagne. » Dans le manifeste du roi d'Angleterre, donné le 20 avril 1806, au sujet
de la prise de possession de l'électorat d'Ha-

novre, le lord Greenville et M. Fox articulè-
« rent : Que toutes les obligations sur lesquelles
« repose la sûreté réciproque des divers états
« et de chaque société civile ont été foulées
« aux pieds d'une manière telle que le monde
« aurait peine à le croire..... qu'il fallait en
« appeler à toutes les puissances de l'Europe,
« intéressées à empêcher la consolidation d'un
« système qui, en menaçant l'existence poli-
« tique d'une partie intégrante de l'Europe,
« mettait en problème la sûreté de l'en-
« semble..... que résister à cet injuste prin-
« cipe de s'indemniser aux dépens d'un état
« plus faible, est encore un exemple qu'il
« est du devoir de l'Angleterre de donner à
« l'Europe, etc. » La sûreté de l'Europe n'é-
tait pas compromise, aux yeux de M. Fox,
lorsque l'impératrice Catherine II ébranlait
en Pologne, tous les états jusque dans leurs
fondemens ; mais cette sûreté était en danger
lorsque le ministère britannique perdait une
partie de ses bénéfices commerciaux, lorsque le roi d'Angleterre était justement dépossédé de l'électorat d'Hanovre, c'est-à-dire
lorsque ce monarque était privé, territo-
rialement, de la faculté d'agiter l'Allemagne,
et lorsque la Grande-Bretagne ne pouvait plus
infester de ses marchandises les états limi-

trophes de l'empire français ! Ce n'est pas avec un égoïsme, une irréflexion, une inconsidération, osons même dire avec une impéritie politiques semblables que M. Pitt eût fait parler le souverain du petit territoire d'Hanovre.

M. Pitt avait jugé, en homme d'état, que le *changement* arrivé en Pologne, comme l'appelle M. Fox, devait *exposer* le continent européen. Lorsque M. Fox sanctionnait le démembrement de ce royaume, demandait une entière adhésion à toutes les vues de la cour de Saint-Pétersbourg, et autorisait d'avance le partage de la Turquie ; lorsqu'entraîné par sa haine contre la France, ou peut-être corrompu par les largesses de Catherine II, ce membre du parlement approuvait avec une sorte de fureur le traité de 1795, conclu entre l'Angleterre et la Russie, traité par lequel tous les démembremens qu'il plairait à la dernière de ces puissances d'effectuer à l'avenir étaient tacitement reconnus par la première, M. Fox donnait la mesure de son caractère moral et celle de ses talens politiques.

MM. Burke, Greenville et Fox ne craignirent pas, en divers temps, de professer publiquement les principes d'une guerre *perpétuelle*. Il est curieux de rappeler quelques passages des maximes avancées par M. Fox, ainsi que du discours qu'il prononça au sujet des traités de paix et de commerce conclus entre la France et l'Angleterre sous le ministère de M. de Vergennes ; M. Fox se distingua dans ces occasions par la virulence des reproches qu'il adressa à lord Shelburne : il qualifia de *déshonorante* pour l'Angleterre, *d'odieusement favorable* à la France, une paix qui laissait, disait-il, une entrée trop grande et des conditions commerciales trop avantageuses pour la France dans la péninsule et les mers de l'Inde. M. Fox disait : « Monsieur Pitt nous parle avec emphase, avec son étalage accoutumé des assurances amicales que nous donne le gouvernement de France ; moi aussi, je crois, mais par des raisons bien différentes, que la cour de Versailles peut désirer de s'unir avec nous dans un moment où *une fermentation sourde* dans ses provinces, et une gêne excessive dans ses finances, proclamée par M. Necker, doivent inspirer à ce gouvernement *des inquiétudes fondées :* mais toutes ses protestations ne me persuaderont *jamais* que la France ne soit pas l'ennemie naturelle et irréconciliable de la Grande-Bretagne. La France, disent les ministres, réduit ses forces de terre : j'assure que si elle fait cette réduction, c'est dans le dessein d'augmenter ses forces navales. N'a-t-elle pas fait construire quinze vaisseaux de ligne depuis la dernière guerre? Ne dévoile-t-elle pas l'audacieuse ambition d'avoir une marine égale à la nôtre, et de nous enlever un jour de vive force *la souveraineté* de l'Océan?... L'Angleterre peut-elle s'unir avec la France par une alliance étroite et par un traité de commerce sans nuire à ses propres intérêts?... Les règnes de Guillaume et de la reine Anne ne nous apprennent-ils pas que *le système des hostilités est le seul avantageux à la gloire de la nation britannique?* (Il est infiniment remarquable que M. Fox, après vingt années d'expériences politiques, ait prononcé cette même phrase dans son discours du 30 mai 1806.) Les trompeuses concessions commerciales de nos voisins, qu'on fait sonner si haut, doivent-elles nous fermer les yeux sur les véritables intentions de notre ennemi? Certes, les ministres agiraient avec plus de sagesse et de zèle pour leur pays, s'ils cherchaient à déconcerter les projets de la France sur la marine, à assurer pour cet effet à l'Angleterre *des alliances continentales* capables de déjouer les desseins de la France! Les ministres ont-ils tenté du moins, par le traité de paix, d'arrêter les travaux de Cherbourg? N'ont-ils pas honteusement reconnu alors la neutralité armée, *ce fléau de la nation britannique ?...* »

Dans le même temps M. Burke s'écriait : « La France nous ouvre ses bras, mais c'est pour étouffer notre commerce et notre marine. Nous *permettons* qu'elle place à Cherbourg sa marine en face de nos ports; qu'elle fasse des travaux et des constructions vraiment *audacieuses*, qui lui donneront la liberté d'étendre ses bras jusqu'à Portsmouth et à Plymouth, travaux devant lesquels s'abaissent, disparaissent les pyramides d'Égypte ! Laisserons-nous la France s'établir dans le canal, et en devenir la gardienne pour nous protéger ! Pauvres Troyens ! Nous admirons cet autre cheval de bois qui prépare notre ruine; nous oublions, nous avons déjà totalement oublié *ces jours de gloire* où la Grande Bretagne établissait à Dunkerque des inspecteurs *pour nous rendre compte de la conduite de la France !...* » Le passage suivant fut généralement applaudi dans la chambre des communes, et les feuilles *ministérielles* s'empressèrent de célébrer l'orateur : « En convoquant une assemblée de ses notables citoyens, en faisant de toutes les parties de la monarchie française un tout arrondi et uniforme, en donnant à sa puissance législative l'unité d'action, en simplifiant, comme il est dans l'intention de le faire, la perception de ses revenus, le cabinet de Versailles se propose d'augmenter les forces de l'état : ce projet est évidemment opposé aux intérêts de la Grande-Bretagne, *et nous devons tout faire pour en prévenir les effets et empêcher cet ordre de choses de s'établir en France !...* »

Nous nous sommes permis ces citations, parce qu'elles renferment tout *l'esprit* du cabinet britannique, parce qu'elles peuvent donner la clef de la plupart des grands événemens qui ont eu lieu en Europe depuis l'année 1789 : elles montrent en outre les véritables sentimens de M. Fox, devenu secrétaire d'état au departement des affaires étrangères. Les dispositions pacifiques que ce ministre laissa entrevoir après la mort de M. Pitt étaient l'effet des circonstances où M. Fox et ses collègues au ministère se trouvaient eux-mêmes à cette époque : ces sentimens offraient si peu de *solidité*, que, dans la séance du 30 mai 1806, M. Fox ne craignit pas d'énoncer *la nécessité d'un système offensif et préparé de longue main contre l'empire français.* M. Fox donnait là le secret du ministère, et M. Fox devait périr victime de sa propre réputation et de sa fausse popularité.

En émettant cette opinion sur l'un des membres les plus distingués du parlement d'Angleterre, nous n'entendons pas refuser à M. Fox et à ses honorables collègues de la chambre des communes la justice que méritent leur patriotisme et leurs talens ; ils ont souvent prouvé qu'ils étaient de véritables Anglais, dévoués à la gloire et à la prospérité de leur pays, ennemis par conséquent de ces ministres qui tendent ouvertement à substituer leur despotisme et leur dictature à l'esprit de liberté qui règne dans la constitution britannique. Nous ajouterons que, dans les négociations ouvertes à Paris, en 1806, pour travailler à amener une paix générale, le gouvernement de France et la nation anglaise durent naturellement se flatter que d'aussi généreuses dispositions produiraient un résultat avantageux pour les deux états ; il était conforme à leurs intérêts respectifs que ces négociations fussent suivies avec chaleur, et l'on pouvait, ce semble, se livrer de part et d'autre aux espérances d'une paix prochaine. Mais le *conseil secret*, les ministres du cabinet de Saint-James ne voulaient pas réellement que la paix fût conclue. M. Fox avait été nommé secrétaire au département des affaires étrangères pour empêcher que le coffre-fort de la chambre des communes ne se fermât en même temps que le tombeau de M. Pitt.

En admettant que ce secrétaire d'état fût entré au ministère avec des intentions *pacifiques*, il est du moins incontestable qu'il parut depuis s'éloigner de ces dispositions. Le malheur de M. Fox et celui de l'Angleterre vinrent, à cette époque, d'une grande singularité politique : ce ministre et son parti se trouvèrent *en minorité* dans l'administration comme dans le parlement. Nous émettons librement notre opinion à ce sujet, quelque extraordinaire qu'elle puisse paraître, parce que plusieurs renseignemens nous autorisent à la croire fondée. Nous regrettons en même temps que M. Fox et le parti de l'opposition n'aient pas joui, dans une circonstance aussi décisive, de l'influence nécessaire pour conclure une paix durable entre deux nations faites pour s'estimer et s'honorer mutuellement.

On connaît la vénalité, le défaut absolu de qualités morales attachés au caractère de M. Fox, les honteuses souscriptions d'argent qui ont régulièrement fourni aux dissipations de ce membre du parlement d'Angleterre. Devenu ministre des affaires étrangères, M. Fox perdit toute considération politique; il se décida à faire des ouvertures de paix au cabinet des Tuileries, mais en même temps il eut le soin de montrer à la nation anglaise les ressources et les succès qu'elle pouvait se promettre d'une nouvelle ligue continentale contre l'empire français. Ou M. Fox ne voulait pas sincèrement la paix, ou il ne pouvait pas la conclure dans la situation où étaient alors l'Angleterre et l'Europe ; il était forcé de suivre les traces de M. Pitt. Dès son entrée au ministère, M. Fox avait abjuré réellement les principes pacifiques dont il avait fait profession dans la chambre des communes ; on put s'en convaincre dans la séance du 3 février 1806, où il fut question d'honorer la mémoire du marquis de Cornwallis ; le lord Castelreagh employa toute son éloquence pour faire valoir les services rendus par le vice-roi d'Irlande et le négociateur d'Amiens ; M. Fox garda un silence absolu sur le mérite du traité d'Amiens. Ce silence était d'autant plus frappant, que M. O'hara avait eu la parole avant M. Fox, et avait formellement représenté le traité d'Amiens comme une transaction *très-préjudiciable* à l'Angleterre. Une conduite aussi étrange, aussi maladroite de la part du ministre des affaires étrangères, suffisait pour mettre l'*homme d'état* à découvert. Il fut dès-lors aisé de prévoir que M. Fox ne ferait que passer dans le ministère.

Lorsque M. Fox fut nommé ministre, l'histoire de l'Europe offrait deux vérités politiques d'une évidence incontestable ; le cabinet des Tuileries voulait donner la paix au monde, il voulait que toutes les nations jouissent de leur indépendance maritime et de leur industrie manufacturière ; le cabinet de Saint-James, au contraire, désirait perpétuer la guerre sur le continent et s'emparer de la souveraineté des mers, il prétendait s'approprier exclusivement le commerce et l'industrie de tous les peuples. Et ce qu'il ne serait pas permis de croire, si les notes officielles du gouvernement britannique n'en offraient la preuve, les ministres anglais déclaraient « que la fortune publique de la « Grande-Bretagne s'était élevée à un haut de- « gré de prospérité, pendant que toutes les « nations gémissaient sous le fardeau de la « guerre. » Voici un témoignage d'une grande force, et c'est M. Fox qui le fournit : « Il est « peut-être vrai, dit ce ministre, dans sa dé- « pêche du 8 avril 1806, que la puissance de « la France sur terre, comparée à celle de « l'Europe, *n'est pas égale à la supériorité* que « nous possédons sur mer, envisagée sous le « même point de vue. » Cet aveu explique parfaitement les véritables motifs des négocia- tions de paix suivies par l'Angleterre en 1806. Alors M. Fox n'était pas le maître de la chose politique ; il avait mal jugé la situation de l'Europe, il s'était mépris sur les effets *nécessaires* des dernières victoires de l'empereur des Français; il s'était abusé lui-même sur la *prospérité* navale de son pays; il avait parlé, il avait agi en amiral plutôt qu'en ministre; et ni M. Fox, ni aucun ministre n'avait encore soupçonné que le cabinet des Tuileries ferait la guerre au *commerce* de la Grande-Bretagne; pas un seul homme d'état n'a deviné, en Angleterre, les décrets de Berlin et de Milan.

En ne parlant ici que de M. Fox, cet homme public avait offert tous les symptômes appropriés aux membres de l'opposition qui sont dévorés du désir d'entrer au ministère; et en 1806 M. Fox *ne pouvait plus être* ce membre de la chambre des communes, dont la courageuse éloquence dévoilait les erreurs et tonnait contre le despotisme de l'autorité ministérielle; il était forcé d'épouser les principes de M. Pitt, et d'embrasser le système hostile du fils de lord Chatam. L'on pourrait peut-être adresser les mêmes reproches à M. Fox et à M. Pitt, relativement à la sincérité des négociations de paix : mais du moins le long ministère de M. Pitt peut être défendu par le désintéressement et la ténacité de caractère qui défendaient toutes ses opérations politiques. Aussi l'histoire ne confondra pas plus la personne que les talens de ces deux ministres ; la postérité ôtera au fils du lord Chatam ce titre de *grand homme d'état* que lui décernèrent la douleur et les regrets de la nation, et surtout l'embarras de la chambre haute et de l'autorité royale : le royaume d'Angleterre regardera toujours M. Pitt comme le plus grand ministre de l'intérieur qu'il ait possédé, et le nom de M. Fox, à jamais célèbre dans les discussions du parlement, sera effacé de la liste des ministres habiles.

M. Fox a influé, plus qu'on ne le croit, sur les résolutions hostiles de la Prusse et de la Russie en 1806 ; ce ministre, pendant son administration de quelques semaines, a montré une telle prédilection pour le cabinet de Saint-Pétersbourg, que la digression où nous sommes entrés était nécessaire pour prouver de plus en plus l'influence que la Grande-Bretagne exerce sur les conseils de la Russie, par une suite des relations commerciales établies entre les deux états.

Le commerce des Anglais en Russie est aussi lucratif que considérable : le commerce du nord est moins destructeur que celui des climats chauds, il offre un lucre plus égal et plus sûr ; les Anglais joignent d'ailleurs au commerce qu'ils font en Russie une partie de celui que la Russie fait avec l'orient. En 1794, la factorerie anglaise à Saint-Pétersbourg contracta pour vingt-huit millions de livres de chanvre, livrables dans les ports de la Grande-Bretagne. Après le renouvellement du traité de commerce, les Anglais exportèrent, en 1796, pour plus de 2,500,000 livres sterling des ports russes de la Baltique. En 1801, l'Angleterre exporta du seul port de Saint-Pétersbourg, sur cinq cent trente-trois navires, pour plus de 11,000,000 de roubles de marchandises : cette puissance fait à elle seule les deux tiers du commerce russe, la France en fait à peine la trentième partie. Il n'exista jamais un monopole aussi humiliant pour la dignité d'une nation, aussi funeste à sa prospérité intérieure, que l'est le commerce anglais en Russie ; mais cette grande puissance n'est pas, on l'a déjà remarqué, une nation; elle n'a ni esprit public, ni énergie nationale ; elle sacrifie à un vil intérêt l'indépendance et l'honneur de l'état. Une longue habitude, les avantages du moment, l'extrême corruption de cette populace de grands qui ont épousé tous les vices du système anglais, contribuent également à mettre la dignité de la couronne, le système fédératif de l'empire et toutes les marchandises brutes de la Russie à la disposition du cabinet de Londres.

La Russie fait un grand commerce dans les mers du nord, elle inspire de vives craintes au pavillon danois, elle menace l'existence maritime de la Suède : ce commerce anglo-russe a enlevé aux Hollandais les restes du trafic d'économie qu'ils pratiquaient dans la mer Baltique, il a subordonné à la volonté de l'Angleterre tous les échanges de la Suède et du Danemarck. La Russie dispose d'une partie des marchés d'Ispahan et de Constantinople, elle y porte les productions de la Livonie et les denrées de l'Amérique : la plus grande partie de ces opérations se fait, on le répète, par l'Angleterre qui en retire le bénéfice principal ; mais la Russie en recueille les avantages politiques. Outre les profits immenses que la Grande-Bretagne fait sur l'exportation de ses objets manufacturés, elle retire à elle seule tous les bénéfices de l'importation des productions de la Russie, et notamment des matières premières devenues si précieuses pour la marine anglaise : en outre, le pavillon britannique a la facilité d'ouvrir, par la Russie, des communications dans le Levant, en Perse, dans les Arabies, et de veiller ainsi, d'une manière indirecte, à la sûreté des provinces anglaises du Bengale ; la mer Caspienne assure le commerce de la Perse et ouvre celui de l'Inde ; l'on doit même remarquer à ce sujet que dès 1666 les Moscovites trafiquaient dans les provinces de Ghilan et de Mazanderan. Il est de l'intérêt de l'Angleterre de favoriser les troubles de la Perse, d'y maintenir les désordres intérieurs, parce que les divisions de la Perse servent à assurer la puissance anglaise dans le Bengale. Le ministère britannique n'oublie pas que Catherine II avait eu l'intention, dans un de ses momens de mésintelligence avec le cabinet de Londres, d'envoyer une armée par Bochara et le royaume de Cachemire pour rétablir le Grand-Mogol sur le trône de l'Inde et en chasser les Anglais ; un semblable projet de la part de la Russie dut paraître extravagant ; mais, d'un autre côté, la prise de Derbent a ouvert la Perse au cabinet de Saint-Pétersbourg, et les Persans ont fait trois fois, dans l'espace de quatre siècles, la conquête de l'Inde : telles sont les raisons qui portent l'Angleterre à entretenir les dissensions entre les khans, et à fournir depuis plusieurs années des secours secrets au roi de Perse : telles sont aussi les raisons qui tendent à fortifier l'alliance de l'Angleterre et de la Russie.

D'après les détails dans lesquels nous venons d'entrer, l'on peut juger des pertes que l'ambition russe et la cupidité britannique feraient essuyer au commerce de tous les états européens dans la Méditerranée et les échelles du Levant, si l'empire ottoman, c'est-à-dire Constantinople, était envahi par le cabinet de Saint-Pétersbourg ; car, dans ce dernier cas, la Russie aurait bien la souveraineté *nominale* du Bosphore, mais tout le commerce asiatique de terre et de mer serait réellement à la disposition de la Grande-Bretagne.

La partialité des négocians anglais en faveur de la Russie est prononcée sans détour à la bourse de Londres : aussi le cabinet de Saint-James apporte tous ses soins à cultiver l'alliance de celui de Saint-Pétersbourg, à le soutenir par conséquent dans toutes les entreprises qu'il peut tenter dans le nord, ou sur les frontières ottomanes : ce système n'a pas varié depuis la révolution française. Le cabinet russe *est anglais ;* quelque injurieuse que soit cette dénomination à l'honneur d'une couronne, la Russie en supporte les charges et les périls ; un tel ordre de choses ne lui procure cependant que des avantages momentanés, mais ils suffisent pour maintenir la suprématie commerciale des Anglais, parce que la Russie est sans manufactures, sans industrie et sans marine marchande dans la mer Baltique. La Russie permet et favorise l'établissement des facteurs, des comptoirs anglais à Archangel, dans la Sibérie, sur les limites du Kamtschatka, elle reçoit des magasins de Londres toutes les denrées coloniales et européennes, une grande partie des objets de luxe, tous les objets manufacturés dont l'esprit britannique est parvenu à imposer le besoin et la consommation aux provinces russes. Nous avons dit que la plupart des habitans des villes étaient, dans cet empire, vêtus de draps anglais; nous ajouterons ici qu'une branche considérable d'exportation pour la ville de Londres consiste dans les cargaisons d'habits importés à Saint-Pétersbourg : les gens riches en Angleterre sont dans l'usage de s'abonner avec leur tailleur comme avec leur gazetier; ils rendent leurs habits à demi portés, les juifs les remettent à neuf, des commissionnaires les expédient pour la Baltique, et tel seigneur russe qui chamarre son habit de cordons ne se doute peut-être pas qu'il ne porte que les restes d'un bourgeois de la cité de Londres. Voilà jusqu'où est allée l'industrie commerciale des Anglais en faveur des Russes.

Autrefois la France fournissait Saint-Pétersbourg de vins, de soieries, de modes, de toutes les parures de cour ; à peine reste-t-il à cette puissance la faculté d'approvisionner la capitale de toutes les Russies de baladins et d'histrions. Les autres puissances de l'Europe ne sont guère plus favorisées dans leurs échanges avec la Russie ; l'Angleterre accapare dans cet empire les bois de construction et les munitions navales avec un tel despotisme de jalousie, que le commerce britannique préfère détériorer et détruire ces objets plutôt que de les voir passer entre les mains des étrangers. Ce despotisme commercial frappe de toutes parts sur les négocians russes ; les marchandises qu'ils importent de la Perse subissent la concurrence et les prix anglais ; les marchands de Londres envoient partout des inspecteurs d'artisans et de manufacturiers qui ne permettent pas aux manufactures russes de prendre un certain développement. Cet esclavage commercial de l'empire, cet asservissement aux volontés de la cité de Londres sont si notoires, qu'ils rappellent naturellement le propos d'un ancien président du conseil de Calcutta, après le traité de 1795 : « L'Angleterre

« est enfin parvenue à jeter le *grappin* sur le
« cabinet russe ; nous *tenons* cet empire, et
« nos ministres seraient inexcusables s'il sor-
« tait de la dépendance britannique. » On a
entendu ces paroles ; on les rapporte, afin
de montrer d'un côté les véritables causes de
l'acharnement avec lequel l'Angleterre vient
de renouveler les hostilités dans le nord du
continent, afin d'expliquer d'autre part les
principes qui ont amené le cabinet de Saint-
Pétersbourg à déclarer une guerre insensée,
impossible à soutenir, et qui doit porter un
coup fatal à la prospérité, à la grandeur, à
l'existence de l'empire russe.

Tous les états du continent étaient fermés
aux denrées coloniales et aux produits manufacturés de la Grande-Bretagne ; la Russie
avait contracté l'engagement d'embrasser ce
système d'interdiction ; il devait forcer le ministère anglais d'adhérer à la paix, de reconnaître les droits des puissances maritimes, de
consentir à la liberté des mers : mais ce ministère a trouvé à Saint-Pétersbourg toutes les
facilités nécessaires pour inonder le nord de
l'Europe de denrées coloniales, pour établir
sur la mer Baltique un entrepôt général, un
entrepôt armé d'où toutes les marchandises de
la Grande-Bretagne étaient versées sur le

continent. Le système continental et l'interdiction des marchandises anglaises étaient donc frappés de nullité et détruits dans le fond par la conduite de la Russie, le continent demeurait toujours ouvert au commerce britannique par les ports russes de la mer Baltique : aussi le cabinet de Londres a pu braver jusqu'à ce jour les murmures et les plaintes des manufacturiers, des négocians, du peuple entier de la Grande-Bretagne qui implore la paix et l'ouverture des communications avec le continent européen. Si, mieux instruite au contraire de ses véritables intérêts, la Russie eût été fidèle aux engagemens contractés à Tilsitt avec l'empire français, avec l'Europe entière, la paix générale serait déjà signée, nous n'hésitons pas à l'affirmer, l'Angleterre aurait été forcée de mettre bas les armes.

Pour peu que l'on veuille réfléchir, juger sans partialité, on demeure convaincu que la guerre actuelle du nord est une guerre anglaise ; que c'est réellement contre l'Angleterre, sous le nom de la Russie, que l'empereur Napoléon est obligé de déployer les forces de son empire sur les rives de la Néwa ; et l'Europe doit bénir le génie du souverain, elle doit applaudir aux triomphes des armées qui combattent aux extrémités du monde civilisé en faveur de la paix continentale, de l'indépendance des mers, de la liberté du commerce.

Il peut être utile de comparer en masse les ressources commerciales que la Russie possédait il y a un siècle, avec celles dont cet empire jouit depuis le traité de Kaïnardgi, 1774, c'est-à-dire depuis le premier démembrement de la Pologne et le premier démembrement de la Turquie ; on verra de plus en plus que c'est en Pologne, en Turquie, dans la mer Noire, dans la mer Baltique, que le cabinet de Saint-Pétersbourg a puisé les moyens avec lesquels il a étendu et fait redouter partout son influence, son ambition et ses forces.

Lorsque Pierre Ier fonda la ville de Saint-Pétersbourg, le commerce *européen* de la Russie était, en quelque sorte, borné aux échanges que les Anglais et les Hollandais pratiquaient dans le port d'Archangel ; la Russie était aussi inconnue dans le système commercial que dans le système politique. Dans les voyages qu'il entreprit en Hollande, en Angleterre, en France, Pierre Ier vit tou[s] les avantages que le commerce peut procurer à une nation ; il travailla en conséquence, pendant tout son règne, à se donner des ports sur la mer Baltique, sur la mer Caspienne, sur la mer Noire ; il entreprit des canaux, ordonna la jonction de plusieurs des grandes rivières qui traversaient son empire ; il se flatta d'attirer tout le commerce du nord, et une partie du commerce de l'Asie dans sa nouvelle capitale. Pierre Ier avait pu se convaincre aussi, en Hollande et en Angleterre, que la liberté est l'âme du commerce ; mais ce monarque ne voulut rien sacrifier du pouvoir despotique des tzars ; il fit tout pour sa gloire, il ne fit rien pour le bonheur de ses peuples ; il les avait trouvés, il les laissa abrutis dans la servitude. Cette grande faute de son règne et de toutes ses opérations ne permet plus à la Russie, dans la situation générale des affaires européennes, de devenir désormais une nation industrieuse et commerçante ; Pierre Ier a tué son emprire en le créant.

A l'époque de la révolution de 1762, la totalité du commerce actif et passif de la Russie ne s'élevait pas au-dessus de vingt-cinq millions de roubles ; un septième environ de cette somme était censé le bénéfice net de la monarchie russe.

En 1775, la totalité de ses opérations commerciales fut portée à trente-quatre millions de roubles; la Pologne et la Turquie avaient déjà subi un premier démembrement. En 1796, on évalua, d'après le produit des douanes, le commerce actif et passif à cinquante-sept ou cinquante-huit millions de roubles, dont quatorze ou quinze millions étaient annoncés comme le bénéfice de la monarchie : un quart à peu près de ces échanges avait eu lieu par les négocians russes ; mais leurs propres bénéfices revenaient en dernière analyse à l'Angleterre, à cause de la nécessité où se trouvent les Russes de solder, en numéraire, tous les caprices de luxe que l'ostentation rend plus indispensables en Russie que dans toute autre contrée de l'Europe. Voilà pourquoi il existe en Russie une si petite quantité d'espèces monnayées en circulation ; les Anglais y pompent le numéraire et le plus clair des productions naturelles de l'empire.

Depuis 1795, c'est-à-dire depuis le renouvellement du traité avec l'Angleterre, et les diverses conquêtes opérées en Turquie, le commerce de la mer Noire a pris un accroissement très-marqué. Les établissemens formés à l'embouchure du Khur, sur le Phase, sur toute la côte orientale de la mer Noire, dans la Mingrélie et dans le Guriel, ces établissemens attirent une partie des denrées de la Géorgie et du Schirwan ; le Ghilan a été soumis à la Russie, et le port d'Astérabadt lui a donné quelques facilités pour le commerce du Korasan, de la Bukarie et de l'Inde. La Russie entretient les divisions entre le khan de Ghilan et le khan d'Ispahan : par Cotatis et par Trébisonde, elle maîtrise l'Arménie et sépare, à l'occident, la Perse de la Turquie, elle cerne entièrement la Perse au nord; et si les Anglais secondaient l'ambition russe dans le golfe persique, la Perse et la Turquie asiatique pourraient être entièrement envahies. L'Arménie et les trois Arabies sont remplies de tribus ou de nations qui reconnaissent à peine la souveraineté turque, et dont quelques-unes peuvent être regardées comme indépendantes; la Russie y fomente les dissensions et les révoltes, et elle croit trouver dans un ordre de choses semblable les moyens d'augmenter et d'*assurer* le commerce russe dans la mer Caspienne et dans la mer Noire. Dans le moment présent, le commerce de la mer Noire paraît être un objet de huit à neuf millions de roubles pour la Russie; il doit augmenter tous les jours à Odessa aux dépens de l'empire turc. Les Russes font des échanges avantageux, mais peu considérables avec la Chine, à la foire de Kiakta; la Russie est même la seule nation de l'occident qui puisse communiquer avec l'intérieur de la Chine : les renseignemens qui paraissent mériter le plus de confiance autorisent à évaluer le commerce que l'empire russe fait par la mer Caspienne au-dessus de six millions de roubles.

Ces détails montrent l'accroissement de commerce, de ressources pécuniaires que la Russie a acquis par la dissolution du royaume de Pologne et par les démembremens effectués en Turquie : ils servent aussi à indiquer l'étendue de la richesse et de l'influence commerciale que l'empire russe, et par conséquent l'Angleterre posséderaient dans la partie orientale de l'Europe, si la première de ces puissances conservait ses provinces polonaises, si elle parvenait à détruire l'empire ottoman et à étendre sa domination dans l'Archipel et dans le Levant.

Car, si la Russie s'est présentée militairement d'une manière formidable pour l'Europe, depuis la destruction de la puissance polonaise, la considération de l'influence qu'exercerait le cabinet de Saint-Pétersbourg, sous le rapport commercial, s'il conservait la souveraineté de la mer Caspienne et de la mer Noire, ne mérite pas une attention moins sérieuse. L'empire russe est traversé par de grands fleuves qui portent leurs eaux dans les mers du nord, dans la mer Noire et dans la mer Caspienne ; plusieurs canaux joignent ces fleuves et établissent, par la mer Baltique et par la mer Noire, de grandes communications de commerce entre le nord et le midi. Par la mer Baltique et la mer Blanche la Russie est en relation avec toutes les puissances de l'Europe qui ont besoin de ses mâtures, de ses bois, de ses suifs, de ses chanvres, de ses goudrons, en un mot de toutes les munitions nécessaires à la construction et à l'équipement des vaisseaux ; elle communique avec la Perse et avec l'Inde par la mer Caspienne ; la mer d'Azoph et la mer Noire lui permettent, au moyen des grands fleuves qui se jettent dans ces bassins, de porter toutes les productions du nord dans la Méditerranée, de porter dans le nord les productions du midi et du levant; le Kamtschatka lui ouvre, d'un côté, le chemin de l'Amérique, de l'autre, la route de la Chine et du Japon : placé sur les épaules de l'Europe et de l'Asie, si l'on peut parler ainsi, l'empire russe, tel qu'il est aujourd'hui constitué en territoire, peut trafiquer avec le monde entier.

Ce ne serait pas, il est vrai, avec ses capitaux, avec sa marine marchande, avec ses propres facteurs que la Russie pourrait se livrer à de telles spéculations; cette puissance n'a jamais fait le commerce de la mer Caspienne que par l'entremise des Arméniens, celui de la mer Noire que par les Grecs, celui de la mer Baltique que par les négocians anglais. La pénurie des finances, le défaut absolu de liberté pour les sujets, de sûreté pour les propriétés, l'abrutissement des diverses classes du peuple, la disproportion des ressources intérieures de l'empire relativement à l'étendue et au nombre des provinces, tant d'obstacles ne permettent pas à la Russie de pratiquer un grand commerce, un commerce dont les bénéfices soient fondés et tournent d'une manière durable à la prospérité et à la force de l'état; tous les accroissemens, tous les avantages commerciaux que la Russie parviendrait à obtenir, seraient d'ailleurs *dévolus* à l'Angleterre : la Russie jouirait seulement de quelque augmentation dans les produits de ses douanes, sans que les revenus de l'empire fussent améliorés d'une manière stable.

Les revenus de la Russie, sous le règne de Pierre Ier, c'est-à-dire dans les vingt-cinq premières années du siècle dernier, n'excédaient pas quatorze millions de roubles; ils n'étaient portés qu'à environ huit millions de roubles lorsque ce monarque prit les rênes de l'empire. Sous le règne de l'impératrice Anne, les revenus versés dans les coffres de l'état formèrent une somme d'environ dix-huit millions de roubles; il est à peu près constaté qu'en 1794 il fut versé dans le trésor public ou impérial une somme d'environ trente-huit millions de roubles, ou environ cent soixante-dix millions de francs, en supputant la valeur du rouble à raison de quatre francs et deux cinquièmes de franc; cette somme était acquittée en or, argent, cuivre et papier. Catherine eut des guerres continuelles à soutenir, elles furent infiniment dispendieuses; dans ce voyage, ridiculement pompeux, où Catherine II croyait déjà triompher de l'Asie, mais n'insultait réellement, dans sa galère sur le Borysthène, qu'à la faiblesse des gouvernemens de l'Europe, il fallut acheter à prix d'or une population artificielle, des simulacres de villages, et jusqu'à la verdure des campagnes. Catherine II employa annuellement sept à huit millions de roubles en bâtimens de luxe, en caprices de femme; sa seule prodigalité envers d'indignes favoris absorba des sommes immenses : le prince Potemkin en reçut plus de trois cent millions de francs....... Hâtons-nous de dire qu'on fait en Russie, avec un million, ce qu'on ne fait pas en France avec trois, en Angleterre avec six ; ajoutons qu'une partie des impôts se paye en nature dans plusieurs provinces de la Russie, que la main-d'œuvre y est généralement à un prix très-bas, et que plusieurs nations tartares prêtent à la couronne un service gratuit. On ne concevrait pas, sans toutes ces raisons, comment l'impératrice Catherine aurait pu transporter à Saint-Pétersbourg *les arts d'Athènes et de Rome*, ainsi que le dit emphatiquement M. de Voltaire, panégyriste outré de la Russie, écrivain inexact, historien infidèle, mauvais politique, mais excellent courtisan ; M. de Voltaire caressa pendant soixante ans la vanité des barbares du nord, dénigra l'honneur du nom français, sapa dans ses écrits toutes les bases de l'édifice social, et entraîna sur sa patrie tous les fléaux qu'une fausse philosophie, la corruption de la morale et l'irréligion peuvent répandre sur un peuple civilisé. Si l'on ne faisait pas continuellement attention à la nature du gouvernement russe et aux usurpations qu'il a effectuées depuis la mort de l'empereur Pierre III, on n'imaginerait pas comment la souveraine qui le précipita du trône put se livrer, pendant un long règne, à une magnificence asiatique, à des dépenses désordonnées à tous égards, avec un revenu aussi faible que l'est celui de Russie, lorsqu'on le compare à l'étendue, à la défense et à tous les besoins intérieurs de l'empire.

C'est encore la malheureuse Pologne, c'est encore l'empire turc dont les démembremens ont fourni à l'ambition, à la prodigalité, au luxe oriental de la cour de Saint-Pétersbourg ; et les tributs des provinces conquises ont enflé, outre mesure, aux yeux du vulgaire, les revenus publics de la Russie.

Nous ne ferons plus qu'une observation : proportionnellement à l'étendue de son territoire, l'empire russe est cinq fois moins peuplé que l'Espagne, celui de tous les états européens où la population est la plus faible ! C'est en Pologne, dans les provinces démembrées de la couronne de Suède, qu'est la population européenne, que réside la véritable force de la Russie ; ce sont presque les seules provinces peuplées, cultivées, véritablement fertiles, que l'empire russe montre à l'Europe : il cache en Asie sa barbarie et sa faiblesse ; les royaumes de Kasan et d'Astrakan, qui ne sont plus que des gouvernemens de l'empire russe, offrent des solitudes et des déserts immenses, et à peine renferment-ils assez d'habitans pour conduire les troupeaux aux pâturages.

Tel est, en réalité, cet empire russe si exalté, si peu connu, et si facile à démembrer.

Quoiqu'on prescrive le plus grand secret dans les chancelleries russes, quoiqu'on ne publie qu'avec une grande réserve l'état des recettes versées dans les coffres impériaux, il est néanmoins possible de parvenir à connaître d'une manière à peu près exacte les revenus de la Russie, en s'appuyant sur des faits publics, en consultant les documens échappés à la chancellerie sous les derniers règnes, et en connaissant les sources d'où proviennent les revenus de l'empire. Ils ont reçu pendant le règne de Catherine, notamment depuis le dernier partage de la Pologne, un grand accroissement par les conquêtes, par l'extension du commerce : ce commerce appartient bien, comme on l'a dit, à l'Angleterre ; mais il fait circuler dans l'empire russe une plus grande quantité de signes représentatifs ; il permet par conséquent aux sujets d'acquitter de plus forts impôts, et aux consommateurs de payer de plus gros droits sur les marchandises importées dans les provinces. Les revenus de la couronne ont été augmentés du revenu des terres ecclésiastiques qu'une sage politique y avait réunies; les droits de douane ont été successivement haussés, et on a introduit un meilleur système d'administration dans l'exploitation des mines et des terres du domaine impérial, et dans plusieurs branches de l'économie politique. Le produit de toutes les recettes, soit en nature, soit en numéraire, soit en papier-monnaie, peut être évalué aujourd'hui à cinquante-sept ou cinquante-huit millions de roubles, ou près de deux cent soixante millions de francs, dont les douanes d'Archangel, de Narva, de Revel, et surtout celles de Riga et de Saint-Pétersbourg forment un peu plus de la quatrième partie.

Le commerce que la Russie fait avec la Pologne et les parties septentrionales de la Turquie lui procure un bénéfice constant ; les échanges pratiqués dans les ports méridionaux de la Baltique, à Hambourg et dans le nord de l'Allemagne, mettent la balance du commerce à l'avantage de la Russie : l'on doit même considérer la Lithuanie, la Livonie, et surtout le port de Riga, comme présentant une importance majeure pour la prospérité commerciale et pour les finances de l'empire russe. Mais si le territoire de cet empire n'est plus assez vaste pour contenir l'ambition des successeurs de Pierre Ier, ses finances sont encore plus insuffisantes pour assurer la défense de l'état et pour fournir à la folle magnificence de la cour. L'entretien des grandes armées, portées à des distances immenses du centre de l'empire, l'équipement de nombreuses flottes dans la mer Baltique, dans la mer Noire, dans la mer Caspienne ; la fondation de plusieurs villes, cette multitude d'établissemens de science, d'écoles et de chapitres nobiliaires formés depuis quarante ans ; les pensions et les décorations d'ordres qui naissent en Russie sous les pas de l'intrigue et de la faveur, l'institution des gouvernemens généraux, qui fut, selon M. Williams Eton, consul d'Angleterre en Russie, « un nouvel im- « pôt sur le peuple de cinquante millions de « francs, dont il n'était pas grevé auparavant, « vu la simplicité de l'ancienne organisation « de l'empire » ; de nouveaux gouvernemens accordés à de nouveaux favoris dont il faut faire la fortune, les émolumens des ministres près les cours étrangères, les dépenses excessives que nécessitent, depuis le règne de Catherine II, les prétentions, le luxe d'apparat et la corruption généralement répandus dans le gouvernement et dans les premières classes de l'état ; tant de raisons différentes rendent ce gouvernement pauvre, quoique le revenu de la Russie soit aujourd'hui quatre fois plus considérable que celui dont elle jouissait sous Pierre Ier. La cour de Saint-Pétersbourg veut donc envahir, spolier, démembrer l'empire ottoman précisément par les motifs de cupidité et de pénurie qui portent le gouvernement anglais à s'emparer du commerce et de l'industrie de toutes les nations.

« La richesse d'un corps politique, comme celle d'un particulier, est ce qui reste après avoir payé ses dettes ; c'est là la véritable propriété. » La Russie, aussi-bien que l'Angleterre, est dévorée par la dette publique et le papier-monnaie : on peut, sans crainte de commettre une erreur essentielle, évaluer cette dette à cent trente millions de roubles ; il faut même admettre qu'elle n'ait que doublé depuis vingt-cinq ans en la bornant à cette somme. La dernière guerre de Catherine contre les Turcs, les entreprises militaires de la Russie depuis la mort de cette souveraine, et les guerres supportées par l'empereur aujourd'hui régnant, ne permettent pas d'accuser d'exagération l'écrivain qui admet une proportion aussi modérée. Nous ne craindrons pas d'évaluer la totalité de la dette publique de l'empire russe à 600 millions de francs, et nous observerons qu'une grande partie de ce capital paye un intérêt de huit pour cent. Un taux aussi élevé démontre deux faits, l'embarras des finances russes et la difficulté qu'éprouve le gouvernement pour se procurer des ressources effectives. Une autre preuve sans réplique du mauvais état des finances, c'est l'augmentation du papier-monnaie, depuis vingt ans, dans un gouvernement purement despotique, dont le souverain n'a besoin que d'un ukase pour faire banqueroute, dans un empire où le commerce n'est pas fondé sur l'industrie des sujets, et où la vingtième partie des terres est à peine en culture. En 1787 il existait en circulation environ 60 millions de roubles, ou plus de 260 millions de francs de papier-monnaie, sous la dénomination d'*assignations de banque*. Vers cette même époque, les assignations furent retirées, et il fut émis pour 100 millions de roubles, ou 440 millions de francs de nouveaux billets de banque. Des publicistes allemands, des financiers éclairés assurèrent, en 1798, qu'il avait été émis jusques à cette dernière époque 125 millions de roubles de papier de banque; aucune liquidation n'a été annoncée; on peut donc sans légèreté porter la somme de papier-monnaie émis par le gouvernement, et aujourd'hui en circulation dans la capitale ou les provinces de l'empire, à environ 620 millions de francs, ou environ 140 millions de roubles. Il est avéré, il est même convenu en Russie, malgré l'orgueil national, que la totalité des espèces monnayées en circulation dans l'empire n'excède pas 120 millions de roubles, ou environ 530 millions de francs. Plus des deux cinquièmes de cette quotité sont des espèces de cuivre non recevables dans le commerce extérieur, et réservées par conséquent à la circulation et aux échanges intérieurs. Les matières d'or et d'argent que le pavillon anglais veut bien laisser à Saint-Pétersbourg et dans les deux ou trois grands ports russes de la mer Baltique, celles que la couronne retire chaque année de l'exploitation des mines impériales ou particulières, augmentent de peu de chose la quantité des espèces d'or et d'argent en circulation. On n'en voit guère que dans les deux capitales et dans les villes commerçantes de la Baltique, surtout depuis que des guerres continuelles forcent le gouvernement russe de faire sortir une grande quantité de numéraire des provinces de l'empire, où le commerce peut difficilement le faire rentrer. L'or et l'argent que recèlent les mines de la Sibérie et les mines exploitées dans d'autres gouvernemens forment un objet considérable pour la couronne de Russie; mais leur produit paraît diminuer depuis plusieurs années. Le produit annuel des mines d'or et d'argent est évalué à 7 millions et demi ou 8 millions de francs; celui des mines de fer et de cuivre à environ

26 ou 27 millions de francs. Cette richesse métallique est sans doute d'une haute importance ; mais elle est bien loin de constituer la véritable richesse de l'état dans un empire où la vingtième partie des terres seulement est en culture, et où l'on compte à peine un quarantième de la population qui ne soit pas dans les liens de la servitude réelle ou personnelle. Disons, en passant, que les sciences y sont *esclaves* comme les sujets, et que peu de seigneurs russes sont assez bien élevés pour être autre chose que des grands seigneurs. On a beaucoup parlé de la richesse de certains propriétaires de mines, des Demidoff, par exemple, dont la fortune et le nom datent d'une époque si récente ; ces propriétaires de mines de fer et de cuivre, le gouvernement lui-même, sont de riches forgerons plutôt que de forts capitalistes. Quoique les fers et les cuivres de Russie soient recherchés dans le commerce, ces métaux ne se convertissent jamais *en or* pour cet empire ; ils lui servent seulement à solder une partie des objets de luxe importés dans son sein. En dernière analyse, c'est dans ses douanes de la Baltique que l'empire russe trouve la partie la plus précieuse de ses revenus, sous le rapport de l'or et de l'argent. La prospérité de cette monarchie est toute

accidentelle ; elle n'est fondée ni sur l'agriculture, ni sur l'industrie ; des provinces entières, on le répète, sont incultes, malgré la fertilité de leur sol ; les manufactures ont fait peu de progrès, et les arts sont encore barbares dans cet empire. L'on a dit qu'un grand trésor était la dernière ressource d'un gouvernement arbitraire ; cette ressource manque à la Russie : le despotisme y a creusé son propre tombeau.

Si l'on veut faire attention aux détails que nous venons d'énoncer, l'on voit à quoi se réduisent, en dernier résultat, cette population, cette industrie, ce commerce, cette richesse publique, cette magnificence souveraine, cette civilisation et cette gloire nationale dont les pensionnaires du cabinet de Saint-Pétersbourg ne cessent, depuis cinquante ans, d'entretenir l'Europe avec enthousiasme. La Russie est néanmoins une puissance très-formidable depuis qu'elle est parvenue à se donner une grande consistance en Pologne et sur les frontières de la Turquie ; et si les finances, la population, l'agriculture et l'industrie de cet empire sont encore, relativement aux grandes puissances de l'Europe, dans un état très-secondaire, on va juger que son système politique menace les libertés de l'Europe, et l'on va se convaincre que l'ambition de ce cabinet est une ambition du premier ordre qui ne saurait être comparée à nulle autre.

L'on est toujours frappé d'un nouvel étonnement lorsque l'on considère les conquêtes ou plutôt les envahissemens auxquels la Russie a pu se livrer dans l'espace d'un siècle. Cette monarchie irrégulière et despotique, barbare et corrompue, asiatique et européenne ; cette monarchie était hors de l'Europe sous le règne du tzar Pierre, et aujourd'hui elle menace l'orient et le midi d'une subversion générale. Les lumières sont toutes dans le cabinet, et l'obéissance des sujets est tellement servile qu'il peut exécuter tout ce qu'il entreprend. L'impulsion si violemment donnée par Pierre Ier subsiste encore en son entier : elle a créé pour le cabinet de Saint-Pétersbourg un système d'agrandissement sans mesure. Si les projets sont vagues et irréfléchis, les déterminations sont fixes et positives. Les prétextes changent, les motifs demeurent invariablement les mêmes ; les moyens d'exécution se déguisent ou varient selon les circonstances ; mais le plan se conserve dans toute son intégrité primitive tel que le conçut Pierre Ier.

Il faut parler sans cesse de Pierre Ier, puisque la Russie n'a qu'un siècle d'existence. Le mouvement imprimé par ce monarque à l'empire dont il jetait les fondemens en Europe a constamment dirigé le cabinet de ses successeurs. On pourrait dire que, jusques au règne de Catherine II, la Russie *médita* ses grandes usurpations; elles éclatèrent en Pologne et en Turquie peu de temps après l'avénement de cette souveraine : mais c'est depuis 1772 que le développement de la puissance russe a été prodigieux dans son étendue comme dans sa rapidité.

La Porte s'était trouvée, en 1768, dans la déplorable nécessité de déclarer la guerre à la Russie; le divan n'avait fait que prévenir les hostilités prêtes à fondre sur ses provinces. Le cabinet de Versailles laissait depuis long-temps Catherine II semer tranquillement les troubles en Pologne, et préparer la ruine de ce royaume; il permit à la Russie de pratiquer, par l'Ukraine, des intelligences redoutables en Moldavie, en Valachie et jusque dans l'Archipel de la Grèce. Assuré de toute la faiblesse de la cour de France, de la coopération ou au moins de la connivence tacite des grandes puissances de l'Europe, le cabinet de Saint-Pétersbourg prodigua dans l'ancienne Grèce les manifestes d'insurrection et d'assassinat; le littoral adriatique de la Turquie fut soulevé, la révolte s'étendit dans le centre de la Morée; et si les généraux de Catherine II eussent apporté la moindre habileté dans l'exécution des plans tracés par leur cabinet, s'ils eussent profité des premiers avantages que l'enthousiasme des Grecs leur procurait, la Russie eût dès-lors anéanti l'empire turc : la Porte ottomane fut néanmoins réduite à subir le joug.

Le traité de paix de Nystadt avait assuré à la Russie, dès 1711, la possession de l'Ingrie, d'une partie de la Finlande, de l'Esthonie, de la Livonie. Azoph et son territoire avaient été cédés à cette puissance par le traité de Passarowitz; mais cette place importante était rentrée depuis sous la domination de la Turquie. Pierre Ier avait aussi enlevé aux Persans les provinces de Ghilan, de Mazandéran, de Daghestan, de Schirvan, et d'Asterabadt; mais les Persans rentrèrent en possession de ces territoires en 1752. Depuis l'avénement de l'impératrice Catherine II, le cabinet de Saint-Pétersbourg a *conservé* toutes ses conquêtes : le traité de Kaïnardgi donna à la Russie Azoph, Taganrok et Kilburn; elle obtint la libre navigation sur toutes les mers ottomanes et le passage des Dardanelles, qui fut borné cependant à un seul vaisseau armé : enfin l'indépendance de la Krimée fut reconnue par la Porte ottomane. Le cabinet de Saint-Pétersbourg travailla aussitôt à rendre *indépendantes* les grandes provinces européennes de la Turquie ; il accorda sa protection aux Tartares, espérant les diviser entre eux et envahir par ce moyen leur territoire : il excita des séditions et fit massacrer les khans envoyés par la Porte ; il prétendit diriger le choix et la nomination de ces grands gouverneurs de provinces.

En 1776 les Russes construisirent une forteresse entre Kersch et Jéni-Kale, en Krimée, violant ouvertement le traité de Kaïnardgi et l'indépendance de la presqu'île. En 1778 le maréchal Romanzow fit annoncer au divan que la Krimée s'était mise sous la protection de la Russie, et que le cabinet de Saint-Pétersbourg recommencerait la guerre plutôt que d'abandonner le khan que sa souveraine *avait jugé nécessaire de nommer pour assurer l'indépendance et la tranquillité de cette presqu'île.* La Russie exigea bientôt que les waïvodes, hospodars, ou princes de la Moldavie, de la Valachie, etc., ne pussent être déposés par la Porte dans aucun cas, pour aucune cause ; elle demanda et obtint de grands priviléges en faveur des Grecs répandus dans ces deux principautés ; elle les invita publiquement à abandonner les états du grand-seigneur et à s'établir dans les provinces russes; elle réclama de nouvelles concessions en faveur du pavillon russe dans les mers ottomanes : un traité conclu en 1779 vint consacrer ces usurpations.

Il fallait entrer en Krimée avec une armée pour intimider la capitale de l'empire ottoman : car si Belgrade est la citadelle de Constantinople, la Krimée peut en être regardée comme le faubourg. Le cabinet de Saint-Pétersbourg flatta l'orgueil du khan, lui fit entrevoir la souveraineté de la presqu'île, fomenta sa révolte contre la Porte, le réduisit à implorer les secours de la Russie, et finit par se faire prêter serment d'obéissance par les mirzas et les principaux Tartares de la presqu'île. Dans le même temps, la Russie attaquait et soumettait les Tartares du Kuban et du Budziak; et sous prétexte que les Turcs avaient *audacieusement violé* le traité de Kaïnardgi (sans doute parce qu'un firman n'autorisait pas la révolte des provinces), la Russie s'empara définitivement de la Krimée, de l'île de Taman et du Kuban. Le manifeste publié à ce sujet par Catherine II, 1783, est un chef-d'œuvre de cupidité, de dérision et de machiavélisme politiques.

A peine cette souveraine eut-elle pris en

Krimée possession de la souveraineté de la mer Noire, qu'elle voulut occuper toute la partie occidentale de la mer Caspienne. Fidèle à son système de conduite, elle suscita la division parmi les khans, excita le fort contre le faible, subjugua, séduisit, sacrifia les chefs, remplit ces provinces de rébellions, les inonda de sang, et parvint enfin à s'emparer d'une portion de la Géorgie et de la Circassie. Ses intrigues et ses caresses, ses cruautés et ses bienfaits poursuivirent aussitôt le sultan d'Immirette et de Géorgie : Héraclius, souverain de la Kertalinie et du Kachet, attaqué avec les mêmes armes, fit également hommage de ses états à Catherine II.

En 1782 la Russie forma le projet d'ouvrir des relations de commerce avec Benderbushein et dans l'Inde, par la Perse ; elle forma un établissement dans le Khorasan, et commença, selon sa coutume, à jeter les divisions et le trouble dans les provinces asiatiques de la Turquie : en 1785 elle ne craignit plus de les attaquer à force ouverte. Le prince Potemkin s'empara d'Anapa, et prépara ainsi les usurpations que le cabinet de Saint-Pétersbourg n'a cessé de poursuivre dans ces contrées. Il est parvenu à s'établir dans la baie de Bulkan, et à construire une forteresse à Zinzéli : de concert avec les Bocchariens, il intimide, séduit, combat tour à tour les différentes hordes de la grande Tartarie. Pour opérer tant de troubles, tant d'envahissemens, tant de dissensions politiques, il ne fallait pas avoir à craindre le cabinet de Versailles ; mais celui de Russie avait si bien séparé, détaché la Porte ottomane de tous ses alliés naturels, qu'il osa même solliciter la France de se joindre à la Russie pour anéantir la puissance ottomane : Catherine II fit *offrir l'Egypte* à Louis XVI, espérant sans doute obtenir à ce prix le consentement de ce monarque au démembrement de la Turquie ; le cabinet de Versailles rejeta une offre aussi injurieuse, et témoigna l'intérêt qu'il prenait à la conservation de l'empire turc. Déjà le cabinet de Saint-Pétersbourg avait réussi à faire révolter l'Egypte et la Syrie ; il avait fourni des hommes, de l'artillerie et de l'argent à Ali-Bey, et l'Egypte allait être détachée de l'empire ottoman, et tomber peut-être sous la domination russe, si cet aventurier n'eût été tué dans sa marche sur le Grand-Caire : dans le combat livré dans cette circonstance, un corps auxiliaire russe faisait partie de l'armée d'Ali-Bey, et des vaisseaux russes attendaient sur les côtes d'Egypte l'issue des affaires. La révolte avait éclaté en Syrie, et Cheik-Daher s'était emparé de la Palestine et de la Syrie méridionale; ce prince arabe était publiquement soutenu dans ses entreprises par le cabinet de Saint-Pétersbourg ; il entretenait toujours les séditions en Egypte ; le consul russe d'Alexandrie avait réussi à engager Ibrahim-Bey et Murat-Bey dans ses intérêts ; celui de Smyrne se livrait ostensiblement à toutes sortes d'intrigues et de pratiques contre la Porte ottomane ; le consul de Yassi faisait soulever la Moldavie. Dans ces circonstances parut le manifeste où Catherine II « invite les habitans à prendre « les armes, à chasser les ennemis du nom « chrétien des pays qu'ils avaient usurpés (sur « les Moscovites apparemment); engageant « aussi les Grecs à reconquérir leur ancienne « liberté et leur indépendance nationale, etc. » L'Epire et l'Albanie se déclarèrent en insurrection, levèrent des corps de troupes, équipèrent une escadrille dans l'Adriatique ; le roi de Naples ouvrit la Sicile aux Russes, ils y établirent leurs magasins ; la Toscane, l'ordre de Malte montrèrent la même condescendance; la république de Venise fut la seule puissance dont la sage politique refusa l'entrée de ses havres et de son territoire à des barbares qui venaient infester le commerce du Levant et violer tous les droits des nations civilisées. Pour juger par un seul fait les principes du cabinet de Saint-Pétersbourg, on rappellera la conduite des commandans russes envers l'état de Venise et sur les côtes de la Grèce. Un comte Orlow *déliait* les Grecs du serment de fidélité, offrait la protection de la tzarine à tous ceux qui se réuniraient aux Russes, et menaçait des châtimens les plus sévères ceux qui refuseraient de favoriser leurs armes. Cet Orlow, au nom de sa souveraine, s'établit dans les havres de l'état de Venise, éleva des batteries sur les côtes, et menaça *du juste courroux de Catherine II* les officiers vénitiens qui voulaient s'opposer à de tels actes! En 1790 la cour de Russie jeta le masque; une députation des habitans de l'Epire reçut l'ordre de se rendre à Saint-Pétersbourg, *pour prier* l'impératrice de leur donner le prince Constantin, son petit-fils, pour empereur. La députation obtint une audience particulière de Catherine II; elle y fut introduite par le favori Soubow; elle exposa l'objet de sa *mission*, et finit par *reconnaître* le grand-duc Constantin pour *empereur des Grecs*. Catherine II ne se proposait rien moins que de s'emparer de Constantinople et de rétablir l'empire d'orient ; et, ce qui paraît à peine croyable, elle osa le déclarer en présence de toute sa cour. Mais M. Pitt sentait l'importance politique de la puissance ottomane et la nécessité de sa conservation : il est avéré que ce ministre chercha à déconcerter les opérations du cabinet de Saint-Pétersbourg, à l'époque où les habitans de l'Epire offrirent au petit-fils de Catherine II le sceptre de l'orient. Les circonstances dans lesquelles se trouva la France en 1791 affermirent M. Pitt dans ce système de conduite ; malheureusement le parti de l'opposition et la gravité des conjonctures entraînèrent le fils du lord Chatam au-delà de toutes les mesures sages ou prudentes ; les amis de M. Fox secondèrent de tout leur pouvoir le démembrement de la Pologne. La dissolution de cette république égara tout-à-fait le cabinet de Saint-James ; réduit à opposer une formidable ligue continentale à la résistance généreuse et aux succès militaires de la France, il conclut avec la Russie ce traité de 1795, dans lequel la clause de *garantie et de conservation de l'empire ottoman*, insérée dans tous les traités antérieurs, disparut entièrement : le démembrement de l'empire turc devint le gage de l'alliance de la Grande-Bretagne et de la Russie.

Pour échapper à son entière destruction, la Porte avait été forcée de nouveau de déclarer la guerre à la Russie en 1787. Il devient superflu de dire que le cabinet de Versailles, placé à cette époque dans des circonstances intérieures extrêmement difficiles, se trouva réduit à la malheureuse nécessité d'abandonner le divan à sa propre faiblesse ; il permit même à plusieurs officiers de marque, et notamment au duc de Fronsac, aujourd'hui M. de Richelieu, d'aller combattre dans les rangs de la Russie. La France engageait toujours la Porte ottomane à céder aux demandes de la Russie, et la politique du cabinet de Versailles se bornait à dissuader les Turcs d'entrer en guerre avec Catherine II : ce fut là le système de M. de Vergennes. On pourrait dire que son ministère a été celui des fautes politiques ; il fut fatal à la France. M. de Vergennes provoqua l'ouverture de l'Escaut, et décida le cabinet de Versailles à abandonner les Hollandais au moment où les états-généraux des Provinces-Unies prenaient la résolution de déclarer la guerre à l'empereur d'Allemagne. Ce même ministre favorisa de tout son pouvoir l'échange des Pays-Bas avec la Bavière : il pressa les Turcs de faire le *sacrifice* de la Krimée, lorsque le divan voulut recommencer la guerre en 1783 pour recouvrer cette importante province. Le divan était alors en mesure de la poursuivre avec succès, et vraisemblablement il fût parvenu à éviter une grande partie des malheurs qu'essuyèrent les armes ottomanes dans la guerre de 1787. Heureusement Gustave III, meilleur politique que M. de Vergennes, attaqua à l'improviste la Russie sur les rives de la Néwa, répandit l'effroi dans le palais et dans l'âme de Catherine II, fut au moment de s'emparer de Saint-Pétersbourg, dont la trahison de ses officiers lui ravit seule la conquête, et sauva pour le moment la Turquie; mais l'empire ottoman perdit, par le traité de Gallacz, 1792, Choczim, Oczacoff et tout le territoire situé entre le Bog et le Dniester. Par ce traité, le Dniester servit de limite aux deux empires russe et ottoman, et la Turquie, déjà ouverte en Krimée, se trouva démantelée aux bouches du Danube.

La vérité et la justice exigent que nous rappelions ici la conduite de M. le duc de Choiseul. Ce ministre, que la flatterie et la haine ont également défiguré aux yeux de l'histoire, commit sans doute de grandes fautes politiques; mais l'on ne doit pas oublier qu'il fut le premier à découvrir les vues secrètes de Catherine II, et à juger que l'accroissement de puissance de la Russie tendait directement à l'anéantissement de la considération et de l'influence du cabinet de Versailles. Ce fut lui qui décida les Turcs à déclarer la guerre à la Russie et à opérer une grande diversion en faveur de la Pologne, malgré toutes les raisons avancées par M. de Vergennes; et ce sont les tergiversations, la faiblesse et l'impéritie que ce dernier ministre laissa paraître pendant tout le cours de son ambassade à Constantinople qui furent cause d'une partie des malheurs de la guerre de 1768. Les Turcs n'eurent aucune confiance dans les protestations du cabinet de Versailles, et ne purent en recevoir aucun secours. Sous un roi d'un caractère moins faible que celui de Louis XV, M. le duc de Choiseul eût réussi à éviter à la France la déconsidération et la honte qui conduisirent pas à pas cette monarchie jusqu'au bord des états-généraux et de la révolution. Mais telles étaient la nature et la force de ces viles intrigues, qui décidaient alors du sort de l'état, qu'il n'était pas au pouvoir d'un ministre de l'emporter sur le crédit d'une courtisane. M. de Choiseul n'était point dépourvu de génie; il déploya dans plusieurs circonstances un noble caractère et de grandes lumières; il se montra bon Français dans la négociation de la France et de l'Angleterre en 1761 ; il s'opposa de toutes ses forces aux prétentions maritimes de la Grande-Bretagne. Il est permis de croire que M. de Choiseul n'eût pas fait aussi légèrement que M. de Vergennes la paix de 1783, et n'eût pas consenti avec si peu de réflexion le traité de commerce de 1786.

Le grand politique doit parcourir du même coup-d'œil tous les temps, tous les lieux, toutes les nations. Les succès brillans obtenus par la marine française dans la guerre de 1778 permettaient au cabinet de Versailles de recouvrer ses possessions et son influence dans la grande presqu'île de l'Inde; malheureusement les embarras intérieurs qui commençaient à se faire sentir dans toutes les parties de l'administration, et la gêne excessive des finances françaises à l'époque de la paix de 1783, ne permirent pas à la cour de France de donner aux affaires de l'Inde l'attention qu'elles exigeaient. Allié sincère de Tippo-Sayb, profondément attaché à la gloire et aux succès du roi de Mysore, le cabinet de Versailles se trouva placé dans des conjonctures si délicates, si difficultueuses, que les intérêts de Typpo-Sayb parurent en quelque sorte négligés par la France dans les transactions de paix. Les troubles, qui ne tardèrent pas à éclater dans le sein de la monarchie, ôtèrent au cabinet la possibilité d'accorder de puissans secours au sultan, dont tous les efforts tendaient à affranchir les rives de l'Indus et du Gange de la tyrannie de l'Angleterre : le cabinet de Versailles fut si peu le maître de ses mouvemens politiques, qu'il rendit Goudelours et le fort Saint-David, conserva seulement un petit territoire autour de Karikal, et remit les choses sur le pied où elles étaient avant la guerre. Chandernagor fut rendu à la France, avec un fossé, *seulement pour l'écoulement des eaux*, phrase qui se retrouve dans le traité de paix précédent ; les rédacteurs du traité confondirent même le village de Vilnour avec celui de Valdaour ; l'un avait un territoire fort considérable, tandis que celui de l'autre était excessivement borné. Cette erreur dans la rédaction fit perdre à la France plus de la moitié du territoire qu'elle avait possédé sur la côte.

Mais le cabinet de Versailles n'avait pas eu l'intention d'abandonner la noble et généreuse famille de Typpo-Sayb; princes infortunés, dignes de tous les regrets ainsi que de l'admiration de l'Europe ! Les barbares traitemens que la compagnie des Indes orientales a fait essuyer à cette maison royale, et l'impunité éclatante dont les féroces spoliateurs de Séringapatam jouissent encore en Angleterre, sont une tache inffaçable pour le ministère britannique ; dans tous les temps, il a opprimé, dévasté, ensanglanté les délicieuses provinces de l'Indostan ; il s'est montré l'implacable ennemi des Marattes, tandis que le cabinet de France, toujours jaloux d'assurer la liberté de la péninsule de l'Inde, n'a cessé de faire des vœux pour leur prospérité.

Le cabinet britannique a cherché à détruire l'influence française dans l'Inde, en Amérique, en Europe; et c'est dans cet esprit qu'il a surtout favorisé les usurpations et le système d'envahissement de la Russie dans le nord de l'Europe, sur les rives du Danube, et sur les bords de la mer Noire.

Les avantages que chaque traité de paix procurait à la Russie aux dépens de la Porte ottomane ne remplissaient pas l'ambition de Catherine II ; dès sa première campagne contre les Turcs, 1769, cette souveraine avait voulu pénétrer dans la Méditerranée et exercer une grande influence dans le midi de l'Europe. Elle avait attaché une haute importance à former des établissemens dans cette partie ; elle était parvenue à obtenir du cabinet de

Londres la cession de l'île de Minorque ; cette précieuse station navale était rentrée heureusement sous la domination de l'Espagne. Le prince Potemkin avait eu le projet d'occuper l'île de Lampedouse, et d'y former un ordre de chevalerie rempli exclusivement par des Russes et des Grecs, ordre dont le souverain de la Russie devait être grand-maître ; mais l'article 17 du traité de Kaïnardgi avait obligé les Russes d'évacuer les îles de l'Archipel et toutes les stations de la Méditerranée, et l'impératrice Catherine II s'était vue contrainte d'ajourner ces usurpations. Le traité de Kaïnardgi aurait fort peu embarrassé le cabinet de Saint-Pétersbourg ; il l'eût violé sans scrupule, si le cabinet de Versailles, harcelé par les réclamations de tout le commerce du midi de la France, n'eût opiniâtrément exigé que la Russie ne conservât aucun établissement dans la Méditerranée. Catherine II avait été forcée de céder et d'abandonner la Méditerranée : cette souveraine n'a jamais pardonné à la cour de France l'espèce d'énergie qu'elle avait montrée dans cette conjoncture.

Les troubles qui vinrent agiter la monarchie française en 1789 procurèrent à la Porte ottomane quelques mois de paix ou plutôt de suspension d'armes. L'impératrice Catherine jugea bientôt qu'elle pourrait profiter de ces dissensions pour amener les diverses puissances de l'Europe à se liguer contre la France, c'est-à-dire contre l'alliée naturelle de la Turquie et la protectrice du nord de l'Allemagne : cette souveraine se flatta, non sans raison, qu'une confédération aussi hétérogène, et qui annonçait une dissolution générale en Europe, laisserait à ses armées la facilité d'achever le démembrement du royaume de Pologne.

En 1793, la cour de Russie acquit sur la Vistule de nouveaux moyens de force pour intimider la Prusse, pour la forcer, ainsi que l'Autriche, d'adhérer à tous les plans de partage qu'il plairait à l'avenir au cabinet de Saint-Pétersbourg de mettre en avant ; il se donna, sur les rives du Dnieper et du Dniester, des ressources formidables pour attaquer corps à corps l'empire ottoman. Il est curieux de rappeler, au sujet du premier partage de la Pologne, le machiavélisme avec lequel la Russie en avait fait retomber tout l'odieux sur l'Autriche et sur la Prusse, et à quel point la cour de Saint-Pétersbourg avait cherché à faire craindre à l'Allemagne l'agrandissement de ces deux puissances ; en même temps elle les ménageait pour qu'elles ne lui suscitassent pas des obstacles dans l'exécution de ses projets sur la Turquie : c'est la raison pour laquelle la Russie excita, en 1792, l'Autriche et la Prusse à déclarer la guerre à la monarchie française ; l'impératrice Catherine II promit toujours des armées aux puissances coalisées, et ne leur donna jamais que des exhortations pour continuer la guerre avec vigueur. Cette souveraine parvint à tromper successivement tous les cabinets de l'Europe jusques en 1795, sans avoir dépensé en leur faveur que quelques manifestes et quelques ukases. En 1795, Catherine *consomma* la dissolution du royaume de Pologne, et il se trouva, en dernière analyse, que cette souveraine s'était adjugé près de la moitié de la population polonaise, et les provinces les plus fertiles de ce royaume, en vertu du droit de rapine, d'oppression, d'assassinats et de brigandages politiques.

L'ambition russe est insatiable. En 1796, Catherine II prit définitivement possession de la Courlande et de la Semi-Galle, s'empara de Derbent, s'étendit dans la Mingrélie et dans le Guriel, forma un établissement à Asterabadt, et se mit en mesure d'envahir toute la côte orientale de la mer Caspienne : l'Europe était habituée, elle applaudissait même à ces actes

d'usurpation non interrompus. En 1800, la Russie força le peuple et les grands des divers cantons du Gurgistan de demander leur incorporation à l'empire russe, et le Gurgistan fut réuni aux provinces de cet empire. Il existe peu de manifestes aussi caractéristiques que l'ukase lancé, en janvier 1801, par l'empereur Paul Ier; il dévoile l'esprit politique du cabinet de Saint-Pétersbourg : nous en citerons quelques fragmens. « Le roi Georges, etc., les princi-
« paux de sa cour, et le peuple *même* du Gur-
« gistan, ont imploré aujourd'hui notre pro-
« tection ; et, ne voyant d'autre manière d'é-
« chapper à leur ruine et à leur *asservissement*,
« ils nous ont envoyé des plénipotentiaires
« pour traiter des provinces du Gurgistan sous
« la domination du trône impérial de toutes
« les Russies : écoutant cette prière, etc.,
« autant pour assurer la tranquillité intérieure
« de cet état que *pour le mettre à l'abri des ten-*
« *tatives de l'étranger*, nous avons ordonné
« que nos armées occupassent la Géorgie, etc. »

Avec un système, avec des prétextes semblables, il n'y avait pas de raison pour que la Russie n'envahît tous les états qui pouvaient être à sa bienséance, soit en Europe, soit en Asie, si le cabinet impérial de France, animé d'une généreuse sollicitude pour la tranquillité de l'Europe et les intérêts de tous les peuples, n'eût été forcé d'arrêter enfin cette dévorante ambition, et de placer des bornes insurmontables dans le nord et dans le midi de l'Europe.

Nous avons montré les progrès de l'usurpation russe depuis le règne de Catherine II jusqu'à l'avénement de l'empereur Napoléon aux couronnes de France et d'Italie; nous ne rappellerons pas la conduite du cabinet de Saint-Pétersbourg, relativement au cabinet des Tuileries, pendant les dix années qui viennent de s'écouler; mais nous ferons les observations que la nature de cet écrit rend indispensables. Depuis l'année 1805, la Russie a démembré le royaume de Suède, elle a dépossédé l'Autriche et la Prusse d'une partie de leurs provinces de Pologne, elle a enlevé la Moldavie et la Valachie à la Porte ottomane, elle a pris possession militaire de la Servie, et proclamé la rébellion et l'indépendance de cette province. Dans le court espace de sept années, le cabinet de Saint-Pétersbourg a déclaré trois fois la guerre à l'empire français : vaincues dans la Moravie, en Pologne, rejetées au-delà du Niémen, les armées russes ont dû à la seule générosité du vainqueur leur salut et la liberté de retourner dans leur patrie; le souverain de l'empire russe a été redevable de sa propre conservation à la grandeur et à la magnanimité sans exemple de l'empereur Napoléon; le cabinet de Saint-Pétersbourg a été redevable d'un grand accroissement de territoire et d'influence politique aux nobles et pacifiques dispositions d'un ennemi contre lequel il avait provoqué les armemens de la Suède, de la Prusse, de l'Autriche, de l'Angleterre, d'une partie des souverains de l'Allemagne ; ce sont ces mêmes armées, ce même cabinet, ce même monarque, qui attaquent aujourd'hui l'empire français, au mépris des traités les plus saints, contre toutes les règles de la justice et de la politique, au risque certain de perdre pour jamais les prodigieux avantages dont l'alliance française avait fait jouir l'empire russe depuis les transactions de Tilsitt : cet empire compromet, sans la moindre espérance raisonnable de succès, ses provinces les plus peuplées, les plus fertiles ; il livre, sans motif comme sans réflexion, sa gloire et son existence au sort d'une bataille; il se précipite lui-même au-devant de la ruine et du démembrement qui en deviennent les irréparables conséquences!...

Que les partisans de l'Angleterre, que les admirateurs de la Russie exaltent maintenant la science politique et les vues profondes de ces cabinets; qu'on nous parle désormais des talens, du génie de leurs ministres, de leurs conseils! Ce n'est qu'à une cupidité et à un machiavélisme dépourvus de toute profondeur, de toute habileté, qu'obéit, en se perdant, le cabinet de Saint-Pétersbourg. Aussi déloyal dans ses transactions qu'ambitieux dans toutes ses entreprises, il a dépouillé dans la paix ses alliés, après les avoir trompés dans la guerre : neutre, ennemi, allié, médiateur, il n'a cessé depuis huit années de spolier la Suède, l'Autriche, la Porte ottomane, la Prusse ; il a opéré l'envahissement de la Finlande, province si importante pour l'empire russe, qu'elle peut être envisagée comme le boulevard de Saint-Pétersbourg; et tant d'avantages non mérités, inespérés, auxquels la victoire n'a eu aucune part; tant d'avantages dont les uns intéressent directement la sûreté de la capitale de l'empire russe, dont les autres sont essentiels pour la prospérité de son commerce et de ses finances, non-seulement l'empire français a permis que la Russie les obtînt et en jouît sans contestation politique, mais le cabinet des Tuileries les a reconnus avec cette générosité, cette grandeur, cette loyauté qui caractérisent les engagemens du cabinet impérial de France.

Il y aurait une sorte d'impiété à penser que l'empereur Napoléon eût pu faire trop de sacrifices, des sacrifices d'une trop haute importance en faveur de la paix du continent et de la liberté des mers ; telle était du moins la nature de ceux dont l'empire français avait investi l'empire russe, qu'une aussi grande condescendance devait répondre à jamais de l'alliance des deux états. Cette alliance était fondée, d'une part, sur des bienfaits éclatans ; d'autre part, sur la religion des traités qui consacraient la générosité du vainqueur et les intérêts du vaincu ! Long-temps après la conclusion du traité de Tilsitt, l'empereur Napoléon disait à ses peuples : « Je ne suis jaloux de rien de « ce qui peut arriver de bien à l'empire de « Russie. Mes sentimens pour son illustre sou- « verain sont d'accord avec ma politique. »…. La Russie a tout méconnu, tout enfreint, tout violé, et sa conduite a été si perfidement hostile, que le monarque et ses conseils ne se sont pas réservé une seule excuse envers la fortune ; quelque terrible, quelque inexorable qu'elle puisse se montrer, l'empire russe a perdu le droit de l'accuser d'injustice.

La politique de l'empereur Napoléon n'est autre chose que la morale et la justice appliquées aux grands intérêts des nations du continent. Malheureux les cabinets qui méconnaissent cette noble politique, et qui veulent lui opposer des perfidies et des guerres !

Les communications que l'empereur des Français a ordonné de faire au sénat-conservateur, relativement aux traités d'alliance conclus avec l'Autriche et avec la Prusse, démontrent les continuelles infractions du traité de Tilsitt, les provocations de la Russie, ses actes d'hostilités contre l'empire français; la publication des pièces officielles de la correspondance entre les cabinets de France et de Russie attestent, d'une manière irrécusable, les intentions pacifiques du premier, les résolutions hostiles du second. Ces documens prouvent (et nous entrerons plus bas dans quelques explications à cet égard) qu'au moment où le cabinet de Saint-Pétersbourg signait la paix avec l'empire français sur les bords du Niémen, il ne relâchait aucun des liens qui l'avaient attaché jusqu'alors à ce système de guerre qui fait la base de la politique de la Grande-Bretagne; que la cour de Russie *spéculait* sur la générosité dont l'empereur Napoléon signalait l'époque de cette transaction; que les ministres russes cherchaient à tromper dans la paix le cabinet des Tuileries, comme ils l'avaient trompé dans les négociations, dans les neutralités, dans les armistices; que le cabinet de Saint-Pétersbourg enfin, se jouant de la sainteté des sermens, de la religion des traités, de la dignité des couronnes et des premiers intérêts des peuples, se flattait de lasser la fortune de l'empire français et de surprendre son génie, en éternisant en Europe les hostilités du cabinet de Saint-James.

Nous avons déjà indiqué, nous développerons dans la suite de cet écrit la connexité du système anglais et de la politique russe. L'on verra à quel point la Russie est vassale, complice de la Grande-Bretagne; l'on sentira par conséquent la nécessité d'attaquer l'Angleterre à Saint-Pétersbourg et dans la mer Baltique, d'ôter au cabinet de Saint-James les moyens de richesse et de force qu'il possède dans le nord de l'Europe, et de préparer la liberté de la navigation et du commerce, en assurant sur les rives de la Néwa le repos et la paix du continent. Cet examen doit conduire le lecteur impartial à une grande vérité politique, c'est que le salut de l'Europe veut que l'empire russe soit relégué en Moscovie.

En politique, les raisonnemens ne sont pas des preuves; ils servent tout au plus à couvrir des projets, à excuser des fautes. L'étendue de l'empire russe, disent certains publicistes, est gigantesque, mais l'Europe n'a point de grands dangers à craindre de la part d'une puissance dont la population est si faible relativement au territoire et au développement des forces militaires de l'empire! Nous ne ferons qu'une réponse à ce sophisme politique : la Russie *n'est plus assez grande*, et elle n'est point *assez riche* pour contenir l'ambition *des successeurs de Pierre I*^{er}, depuis que l'ignorance et la superstition s'affaiblissent dans les premières classes de cette monarchie ; depuis que les lumières, les besoins, les vices et le luxe de toutes les nations cherchent à se naturaliser à Saint-Pétersbourg. Mais, disent encore quelques bons esprits pleins de candeur, les empereurs de Russie préfèreront le noble et solide avantage de policer leurs peuples, à la gloire funeste de reculer les frontières d'une monarchie déjà si prodigieusement étendue que ses provinces sont étrangères et inconnues les unes aux autres! Ce raisonnement est sage ; mais il manque de justesse dans son application : les souverains de Russie n'admettent pas une libéralité de principes, une modération semblables. La politique et la raison conseillent inutilement aux tzars, depuis un siècle, de civiliser enfin leur monarchie, de lier entre elles toutes les parties de ce grand tout, de rattacher les provinces au centre de l'état par une administration bienfaisante et éclairée, de donner à la population, à l'agriculture et à l'industrie les encouragemens, les lumières et les soins qu'elles demandent de toutes parts, de créer une marine marchande et un commerce national appropriés à l'empire, de ne pas abandonner aux Anglais le monopole de toutes les productions du sol et des mines, de développer enfin et de féconder, par l'abolissement progressif de la servitude, les élémens de prospérité que la monarchie russe renferme dans son sein. L'empire russe a pris trop rapidement l'essor, il est devenu trop tôt *grand seigneur* (s'il est permis de parler avec cette trivialité) pour que des conseils aussi salutaires ne soient pas reçus avec dédain à Saint-Pétersbourg. Égarés par les audacieuses entreprises de Pierre Ier, séduits par la condescendance dont les premières puissances de l'Europe ont fait preuve à leur égard pendant un demi-siècle, les souverains de Russie préfèrent la puérile gloire d'étendre les frontières de l'empire aux dépens de sa puissance réelle; ils préfèrent l'ostentation et les vices du despotisme au durable honneur d'assurer la prospérité intérieure de la monarchie, et de fixer, par un bon système d'alliances, la paix publique de l'Europe. Il ne faut pas même hésiter à le dire : l'immense étendue de cet empire s'oppose en quelque sorte à toutes les améliorations politiques et civiles ; elle contribue plus qu'on ne le croit à y maintenir le despotisme de l'autorité et la servitude des sujets. Ce n'est que lorsque l'empire russe aura été démembré, et la force des choses rend son démembrement inévitable, que le despotisme et la servitude s'affaibliront, et que les sujets pourront espérer d'obtenir un gouvernement tempéré et de bonnes lois politiques et civiles.

Pierre Ier ne voulut rien faire en faveur des lois politiques, rien accorder à la liberté civile ; il se montra jaloux d'exercer l'autorité la plus arbitraire, la plus illimitée ; il voulut *façonner* ses peuples uniquement pour sa grandeur et sa gloire personnelles. Voilà pourquoi la volonté politique du monarque et le système du cabinet n'ont point changé en Russie depuis la mort de Pierre Ier, voilà pourquoi cet empire regorge d'ambition, de vices et d'abus ; la plupart des sages règlemens de police et d'administration introduits par Pierre Ier sont même tombés en désuétude, parce que les temps et les circonstances n'ont plus été les mêmes, parce que la corruption des grands fonctionnaires publics est devenue extrême : les Russes qui voyagent dans les pays étrangers en rapportent tous les vices dans leur patrie ; ce n'est que dans leurs sacrilèges conjurations contre le souverain que les plus grands personnages de l'état déploient quelque énergie ; on n'a pas vu en Russie une étincelle de liberté, d'esprit public dans toutes les révolutions qui ont ensanglanté le trône depuis un siècle : tout est encore barbare, ou tout est corrompu dans cet empire ; on dirait qu'il ne peut plus y avoir de place pour la civilisation et la liberté.

Qu'on juge des dangers dont l'Europe est menacée par une puissance semblable, devenue en même temps européenne et *anglaise !* car la Russie est véritablement anglaise depuis la fondation de Saint-Pétersbourg : alors se forma cette alliance anglo-russe qui attente ouvertement, depuis vingt ans, aux libertés de l'Europe continentale et aux droits de l'Europe maritime ; alliance dont tous les événemens survenus depuis la destruction du royaume de Pologne ont dévoilé la politique et les vues ; alliance qu'il faut aujourd'hui dissoudre *par la force*, si l'on veut que la paix soit enfin rendue au continent ; en effet, si les cours de Saint-Pétersbourg et de Londres conservaient plus long-temps la facilité de se livrer à ces spoliations et à cette tyrannie qui embrassent l'Europe, si cette double invasion maritime et continentale qui forme évidemment la base de leur système politique pouvait jamais s'effectuer, ne craignons pas de le dire, la face du monde serait changée, et l'occident serait un jour livré à des guerres interminables.

Ce fut à l'époque du premier démembrement de la Pologne, 1772, que la Russie se plaça au rang des premières puissances ; elle voulut intervenir d'une manière principale dans le système fédératif de l'Europe. La dissolution totale de ce royaume vint fortifier l'alliance des cabinets de Londres et de Saint-Pétersbourg, les erreurs successives de la cour de Versailles et les troubles de la France persuadèrent à la Russie qu'il lui appartenait de disposer à son gré des destinées de l'Europe. Mais heureusement le remède se trouve à l'endroit où la faute s'est commise, où le mal a été fait : le rétablissement de la Pologne et la protection de l'empire français sont aujourd'hui les deux grandes ressources de l'Europe, les deux grands moyens de salut qu'elle doit invoquer pour la garantie de ses libertés contre le despotisme maritime de l'Angleterre, contre les dévastations continentales de la Russie. Ce n'est que par ce rétablissement, par cette protection, que les divers états de l'Europe pourront jouir d'une tranquillité véritable ; car, tant que la Russie se trouverait placée au centre de l'Europe par ses provinces de la Pologne et de la mer Baltique, l'Angleterre ferait mouvoir à volonté les forces de cet empire, et les ministres de Londres auraient par conséquent à leur disposition les intrigues et les guerres continentales. L'on a ouï dire, en 1800, à un envoyé de Russie, qu'il existait entre les deux états une convention secrète, en vertu de laquelle la Russie s'engageait de fournir à l'Angleterre, ou de diriger, conformément à un plan convenu d'hostilités, tel nombre d'hommes, à raison de 10 livres sterling *pour première mise dehors* de chaque homme, et de 3 livres sterling par an pour chaque homme armé et présent à ses drapeaux : telles sont en effet la nature et l'étendue des relations commerciales et de l'influence politique de l'Angleterre en Russie, qu'on pourrait dire que les tzars administrent dans cet empire, et que le ministère anglais y *règne*.

Puisque les diverses puissances de l'Europe ne doivent plus espérer d'obtenir une pacification durable, si la Grande-Bretagne n'est pas contrainte de reconnaître leur indépendance et leurs droits maritimes, il est donc légitime, nécessaire et urgent de poursuivre les ministres anglais jusque dans leurs derniers retranchemens, c'est-à-dire d'attaquer le commerce britannique en Russie.

Sans doute il a été porté de fortes atteintes au commerce et aux manufactures de la Grande-Bretagne, en fermant l'Escaut, le Rhin, l'Ems, le Weser, l'Elbe, l'Oder, la Vistule; sans doute la prohibition des marchandises anglaises en France et en Allemagne équivaut déjà au gain d'une grande bataille navale : mais les rivières, les fleuves, les ports, les marchés du continent seront-ils *réellement* fermés, l'interdiction des produits coloniaux ou manufacturés de l'Angleterre sur le continent se fera-t-elle sentir, d'une manière terrible, dans la cité de Londres aussi long-temps que le Sund et la Baltique, ouverts au pavillon anglais, ne seront pas dans le système français, aussi long-temps que Riga et Saint-Pétersbourg livreront la clef des marchés de l'Europe aux facteurs de la Grande-Bretagne ?

En matière de commerce, comme en législation, l'exécution doit être pleine et entière, ou les ordonnances les plus sages sont bientôt sans effet. Une seule porte qui reste ouverte à des versemens frauduleux rend inutile la fermeture d'une grande frontière ; la contrebande et toutes les infractions commerciales pénètrent par cette porte et viennent à bout d'éluder toutes les surveillances. C'est ainsi que le cabinet de Saint-Pétersbourg a paralysé, en grande partie, les décrets de prohibition lancés contre les manufactures et le commerce de la Grande-Bretagne.

Loin de fermer ses ports au pavillon anglais, la Russie a prêté une continuelle assistance au commerce et aux débouchés des marchandises anglaises sur le continent depuis le traité de Tilsitt. Réduite à de grands embarras intérieurs par l'exécution des décrets de Berlin et de Milan dans une portion de l'Allemagne et dans le midi de l'Europe, l'Angleterre est parvenue néanmoins à résister à ces décrets; elle en est redevable à la Russie. Si les décrets de Berlin eussent reçu une véritable et stricte exécution dans les ports russes et dans la Baltique, selon l'esprit du traité de Tilsitt, l'Angleterre eût été déjà réduite à signer la paix; cette puissance se serait vue forcée de reconnaître les droits des neutres, et cette indépendance de navigation, d'industrie et de commerce que réclament avec tant de justice les divers gouvernemens de l'Europe.

Encore une fois, il est donc nécessaire de priver la Grande-Bretagne des ressources navales, des débouchés commerciaux qu'elle trouve dans la Baltique ; et puisque c'est dans ses provinces de Pologne que l'empire russe, allié ou plutôt tributaire de l'Angleterre, a puisé les moyens de placer et de retenir la mer Baltique sous sa domination, il est donc convenable aux intérêts et à la paix de l'Europe d'expulser sans retour la Russie des rives de la Vistule, et de jeter cet empire hors de l'Europe.

Mais les portes orientales et méridionales de l'Europe demeureront ouvertes au cabinet de Saint-Pétersbourg aussi long-temps qu'il étendra sa souveraineté sur la Lithuanie, la Courlande et la Livonie dans le nord, sur la Wolhynie, l'Ukraine, la nouvelle Servie et la Krimée dans le midi : par conséquent il ne saurait exister de véritable garantie en faveur de la tranquillité et de l'indépendance du continent tant que la Russie ne sera pas dépossédée des établissemens qu'elle a usurpés sur la mer Noire et sur la mer Baltique.

Il est indispensable de rétablir par la force, dans l'orient et dans le nord, des barrières que la Russie soit dans l'impossibilité de franchir, puisque les traités les plus solennels, les transactions même les plus favorables au cabinet de Saint-Pétersbourg ne peuvent plus obtenir aucune exécution, et sont violés de toutes parts à outrance par l'ambition russe.

Dans le nord, le royaume de Pologne, appuyé d'un côté sur la mer Baltique et de l'autre sur la mer Noire, est *la grande muraille* de l'Europe. Si ce royaume était investi, au midi, de la possession de la Podolie et de la nouvelle Servie, si ses frontières s'étendaient sur la rive gauche du Dniester jusqu'à l'embouchure de ce fleuve, et défendaient également, par la nouvelle Servie, les rives du Bog et du Dnieper; si la Finlande était rendue à la couronne de Suède, si l'Esthonie, la Livonie, la Carélie et l'Ingrie étaient séparées de l'empire russe, cet empire se trouverait forcé de sortir de l'Europe, et l'Angleterre serait alors bannie du continent sous le rapport des grandes hostilités : la puissance navale de la Grande-Bretagne éprouverait une décadence proportionnée à la diminution de son influence commerciale et politique, et la restauration de la puissance ottomane pourrait s'effectuer sans résistance et sans troubles : des siècles de paix seraient assurés à la prospérité et aux libertés de l'Europe.

Mais, pour que le continent jouisse d'une

pacification aussi stable, il faut encore que les Dardanelles soient, comme le Sund, fermées à la Russie et à l'Angleterre : la restauration du royaume de Pologne peut seule amener et garantir un tel système politique ; car, tant qu'il n'existera pas, de la mer Baltique à la mer Noire, une puissance assez formidable pour menacer sans cesse l'empire russe et pour le retenir dans le centre de la Moscovie, la mer Baltique sera *anglaise*, et la mer Noire sera russe. C'est donc sur le Bog et sur le Dniéper, comme sur la Dwina et sur la Néwa, que doit être fondé, constitué, garanti le système maritime et commercial de l'Europe. Il faut que la Russie rétrograde, dans ses usurpations, jusqu'au règne de Pierre Ier : il le faut pour la paix générale de l'Europe, pour la liberté du commerce et de l'industrie des nations de l'occident ; il le faut pour que l'Allemagne, l'empire français, l'Italie et le midi de l'Europe soient préservés de ces guerres, de ces inondations barbares dont la Russie menace ces contrées depuis un siècle ; il le faut pour que l'Angleterre soit frappée dans la branche la plus importante de ses échanges avec le continent, soit privée de l'alliance et des ressources de l'empire russe, soit forcée de renoncer à la tyrannie qu'elle exerce sur les mers, et se trouve enfin réduite à abjurer ce système d'hostilités et de blocus indéfinis dont tous les peuples sont depuis vingt années les déplorables victimes.

C'est par la Pologne, et par la Pologne seule, que des résultats aussi nécessaires peuvent être obtenus d'une manière durable. Nous allons montrer de quelle importance est ce royaume pour la sûreté, pour la paix publique de l'Europe; l'on pourra juger du degré d'influence et de force que l'empire russe était parvenu à acquérir dans la direction des affaires générales en opérant le démembrement des provinces de la Pologne; et l'on sera convaincu que l'existence et la prospérité de tous les états européens sont directement intéressées au rétablissement du trône de Varsovie, et à l'intégrité territoriale et politique de l'empire ottoman, qui en est une conséquence nécessaire.

Les conjonctures actuelles sollicitent un aperçu historique des causes et des événemens divers qui ont entraîné la ruine de la Pologne : nous parcourrons les grandes époques de sa gloire, de ses malheurs, de sa destruction.

Des hommes de talent, de bons observateurs ont écrit sur la Pologne : on distingue les mémoires de M. Rhullières et l'ouvrage de M. Williams sur les gouvernemens du nord; mais l'un et l'autre de ces écrivains ont quelquefois altéré ou déguisé des faits principaux : le premier s'est abandonné à des déclamations presque toujours déplacées, le second offre partout la partialité de sa nation en faveur de la Russie. Ces défauts ont été évités dans l'ouvrage publié à Paris, en 1807, chez M. Fain, libraire. Ces deux volumes offrent sur les affaires de Pologne, surtout depuis l'année 1772, tous les actes et documens relatifs à la tyrannie et à l'usurpation exercées par la Russie dans ces malheureuses provinces. Ces actes méritent une entière confiance; ils sont revêtus d'un caractère officiel. Nous conseillons à toutes les personnes jalouses de bien connaître la conduite et le système du cabinet de Saint-Pétersbourg, dans une des plus grandes époques de l'histoire politique, de lire cet excellent recueil : il doit les mettre à même d'asseoir leur jugement sur la nécessité et la grandeur des événemens qui ont lieu aujourd'hui en Russie et en Pologne.

Nous allons esquisser quelques traits de l'histoire de ce royaume; mais nous ne la considérerons encore que sous le rapport politique et d'une manière subordonnée aux révolutions qui ont bouleversé cet état.

§. II.

Considérations historiques et politiques sur le royaume de Pologne et sur les manœuvres du cabinet de Saint-Pétersbourg à Varsovie.

Dans la décadence de l'empire romain, la Sarmatie, appelée depuis Pologne, s'étendait entre la Vistule et le Tanaïs, le Pont-Euxin et la mer Baltique. Cette nation eût pu déjà préserver l'Italie et les Gaules de l'invasion des Tartares et des peuples qui habitaient les rives du Danube : on dirait que la nation polonaise est destinée à répondre de l'existence du monde civilisé.

La monarchie de Pologne, presque contemporaine de la monarchie française, obéit d'abord à des waivodes ou chefs de guerre ; elle fut ensuite gouvernée par des ducs. L'origine et la forme de tous les états européens qui naquirent de la dissolution de l'empire romain sont à peu près les mêmes : on voit le régime militaire et le régime féodal jeter les fondemens de ces états, en dicter les constitutions et en établir le régime intérieur.

L'alliance de la Pologne et de la France

est aussi ancienne que ces monarchies. En 810 le prince de Pologne envoya à Aix-la-Chapelle des ambassadeurs demander à Charlemagne son alliance et son amitié. La nature des choses indiquait aux deux nations ces liens qui doivent garantir la tranquillité de l'Europe.

Les Polonais éprouvèrent sous la domination de leurs ducs ou princes, comme les Français sous leurs premiers rois, tous les malheurs que le despotisme aristocratique enfante presque nécessairement dans un état. La durée de la république de Venise n'infirme pas cette vérité politique ; c'est à des causes entièrement étrangères à son régime intérieur, c'est aussi à la situation unique de sa capitale que l'état de Venise a dû une longue existence, malgré tous les vices qui tendaient à la détruire. Les Polonais éprouvèrent bientôt le besoin de recourir à *l'unité* du pouvoir : on voit en effet des rois en Pologne dès l'année 1008, et, dès ce siècle, le roi Boleslas-Chobri rendit *la Moscovie tributaire*. Les Polonais firent la conquête des provinces situées entre la Vistule et l'Oder, provinces connues depuis sous le nom de Prusse : leur souveraineté s'étendit sur l'Ukraine ; Smolensko et Kiow furent soumis à leurs lois. La Livonie, les provinces de Courlande et de Semi-Galle, la Silésie, la basse Saxe furent sous la dépendance du trône de Pologne; enfin la Moravie et plusieurs districts de la Bohême reconnurent sa suzeraineté.

La Pologne pouvait être l'un des plus puissans états de l'Europe, elle en fut le plus faible. Ce royaume donna à l'Europe moderne le premier exemple d'une grande monarchie successivement coupée dans tous ses membres, et anéantie au gré de l'ambition et des caprices de la politique : il perdit jusques à son nom. Rien ne prouve mieux que des principes *héréditaires*, un gouvernement fort et une constitution fixe sont les sauvegardes des états, et peuvent seuls assurer la destinée des peuples.

La Pologne fut toujours dépourvue de ces principes de sagesse, de force, de conservation ; l'histoire de ce royaume ne présente qu'une suite non interrompue de divisions intestines, de révoltes et de désastres enfantés et perpétués au nom de la liberté : la liberté a assassiné, en Pologne, l'état et la nation.

Plusieurs palatins ou gouverneurs s'étant révoltés, des sujets usurpèrent l'autorité souveraine : les duchés de Mecklembourg et de Poméranie doivent leur création politique à ces actes de rébellion féodale : déjà on entrevoit que de grandes puissances, régies par une autorité forte et obéissant à des monarques héréditaires, devaient parvenir à dépouiller successivement la Pologne des provinces les plus éloignées du centre de la monarchie : on voit déjà cette monarchie succomber sous les vices d'une constitution qu'elle ne veut ou qu'elle ne peut pas changer, et être enfin partagée et détruite. Avant le premier démembrement, 1772, la Pologne avait été dépouillée de l'Ukraine, de la Silésie, de la Courlande, de la Livonie, de plusieurs provinces conquises par les Russes ; à cette époque, le royaume ne possédait plus que trente et un palatinats, en y comprenant ceux du duché de Lithuanie : on doit attribuer principalement le partage, la ruine et la dissolution de cette monarchie à la nature de son gouvernement ; elle a péri, parce que le despotisme s'y trouvait entre les mains de tous les nobles ; la Russie l'a détruite, parce que le despotisme était à Saint-Pétersbourg dans la main d'un seul. Le gouvernement ottoman offre aussi des vices sans nombre, mais l'autorité est concentrée dans la volonté du sultan ; cette raison a suffi pour combattre les causes de dissolution, et pour prolonger jusqu'à nos jours l'existence de l'empire turc : le monarque y est déposé, mais la monarchie subsiste encore pour présenter et les mêmes désordres et les mêmes remèdes, jusqu'à ce que la capitale de l'empire, qui est à elle seule tout l'état, vienne tomber sous le joug d'un conquérant étranger.

On écriraitdes volumes sur les institutions politiques, et l'on n'épuiserait pas cette matière. Les ministres de tous les états peuvent apprendre, dans l'histoire de Pologne, les catastrophes et les révolutions auxquelles sont condamnés les souverains et les peuples, lorsque les empires sont privés de cette *hérédité* de pouvoir et de ces institutions hors desquelles il ne saurait y avoir de prospérité, de force, de durée pour les sociétés politiques. Qu'on n'oppose point à cette assertion l'exemple des États-Unis d'Amérique; ce gouvernement sort à peine de l'enfance, et déjà il est aisé de s'apercevoir qu'avant un demi-siècle, l'Amérique septentrionale sera forcée d'appeler la royauté au secours de son indépendance, ou que les États-Unis se démembreront pour former plusieurs principautés monarchiques.

Trois puissances, dont la première n'existait dans le treizième siècle que comme vassale des Tartares, et qui vit depuis sa capitale et son trône occupés par les Polonais, dont la seconde fut presque jusqu'à nos jours feudataire de la couronne de Varsovie, dont la troisième dut son salut à la bravoure et au dévouement des armées polonaises ; ces puissances se partagèrent, dans le court espace de vingt-trois années, toutes les provinces du royaume de Pologne ! Et cependant la nation polonaise fut de tout temps signalée par son courage, renommée pour la générosité de son esprit national, célèbre par son amour de l'indépendance et de la gloire ! Une noble fierté, un courage héroïque caractérisent ce peuple ; peu de nations ont à s'honorer d'autant de valeur militaire, aucune n'a donné de si grands exemples de dévouement à la patrie ; et aucun peuple n'a été plongé dans un avilissement et un esclavage plus profonds ! Dans la direction que prennent aujourd'hui les affaires du monde, lorsque l'admiration, les vœux et toutes les espérances de l'Europe se fixent sur la nation polonaise, il est d'un grand intérêt, ce nous semble, de retracer les causes de si longs malheurs, et de jeter un regard sur l'ancien gouvernement de Pologne : on sentira mieux tous les bienfaits, on appréciera avec une plus noble reconnaissance les destinées et l'avenir superbes que préparent à la nouvelle monarchie de Pologne la protection et les conseils augustes dont l'empereur Napoléon vient couvrir son berceau.

Les nobles Polonais avaient usurpé, dans le onzième siècle, les droits de la puissance législative ; bientôt ils s'arrogèrent le privilége de ne pas obéir à la loi. Une grande partie du territoire appartenait aux nobles, leur indépendance fut donc aussi grande que la servitude des paysans était extrême. La tyrannie féodale ne connut plus de frein, et l'homme serf fut une marchandise, une denrée comme les plus vils animaux. Nous n'accusons pas ici l'orgueil ou l'ambition des nobles Polonais, nous n'accusons point leur barbarie, mais la nature des choses et l'influence de l'esprit ecclésiastique. Toujours puissant dans les temps d'ignorance, le clergé secondait en Pologne les entreprises de la noblesse, afin de s'assurer la possession des biens qu'il arrachait à la crédulité des rois et à la superstition des peuples. Il était naturel, dans la situation où se trouvait la chose publique en Pologne, que le cas d'un interrègne ayant lieu, les seigneurs les plus riches, les plus puissans dans l'état, cherchassent à se rendre indépendans et souverains dans leurs provinces. Il en arriva ainsi après la mort de Micislas II ; plusieurs palatins formèrent des principautés dans le centre même du royaume, à peine consentirent-ils à dépendre encore du nom polonais : la noblesse et le clergé se déclarèrent indépendans de la loi civile, et ces deux ordres s'attribuèrent le droit d'*élire* leurs rois. Malgré ces prétentions, l'on vit les fils de plusieurs rois succéder à l'autorité de leur père sans recourir au funeste droit d'élection, et plus tard l'on vit même le clergé réussir, par ses intrigues pieuses, à faire rappeler, dans un moment d'interrègne, le fils du dernier roi, qui était moine en France dans l'abbaye de Saint-Germain-des-Prés : ce Casimir, passant de l'autel sur le trône, fit, comme on peut bien le penser, des concessions immenses au clergé ; il confirma tous les priviléges politiques et civils que cet ordre s'était arrogés pendant l'interrègne.

Il n'entre pas dans notre dessein de parler des grandes usurpations de l'autorité spirituelle sur la puissance temporelle ; nous n'avons pas la pensée d'attribuer au clergé de Pologne plus de part qu'il n'en eut aux malheurs dont la nation fut si long-temps accablée avant d'en devenir tout-à-fait la victime : mais nous ne pouvons nous dispenser d'émettre les observations qui naissent de notre sujet. Si les treizième et quatorzième siècles sont les siècles barbares du christianisme, c'est parce que les légendes, les absurdités et les fables des cloîtres inondèrent le monde; il serait d'une injustice révoltante d'accuser de ces effets une religion qui présente à l'esprit humain saint Thomas et saint Augustin, ces hommes qui, dans un autre siècle et dans d'autres circonstances, eussent été Descartes et Cicéron, selon l'expression d'un grand écrivain. La religion chrétienne est utile et nécessaire autant qu'elle est divine; ses ministres sont les vrais consolateurs des infortunés, les seuls pères du malheureux peuple des campagnes ; voilà ce qui assure à la religion une éternelle prééminence sur toutes les doctrines des philosophes : ils veulent éclairer les hommes; mais ils ne peuvent pas les consoler; la philosophie n'a pas de cœur, elle n'a que de l'esprit. C'est au cœur que parle la religion, aussi son influence sur le bonheur public a été et sera de tous les temps et de tous les lieux.

La liberté de conscience est le premier de tous les droits ; mais la tolérance religieuse peut ne pas être, dans un état et dans de certaines circonstances, le *libre* exercice du culte. Nous parlons de ces choses, parce que la liberté du culte, ainsi que nous le dirons plus bas, a été la cause ou le prétexte de grands troubles en Pologne. Le plus sage des législateurs a résolu de nos jours le problème de la liberté de conscience et de culte, problème dont le pour et le contre avaient été soutenus pendant tant de siècles par la politique et la religion avec le même avantage : ajoutons qu'il est des droits dont il serait injuste de priver les hommes, et dont il serait encore plus cruel de leur laisser le plein exercice ; mais cet exercice a lieu d'une manière conforme aux véritables intérêts des sujets, lorsque l'état exerce une forte et sage surveillance sur les abus dont il est susceptible. La liberté de la presse est de ce nombre : « c'est un problème politique qui ne sera jamais résolu, parce qu'il a pour données les circonstances et les passions des hommes, deux causes dont les effets ne seront jamais réglés d'une manière fixe par aucune législation. » Les nouvelles lois françaises sur cette matière sont libérales et pleines de sagesse ; elles accordent et garantissent à la pensée toute la liberté dont elle doit jouir : l'empereur Napoléon, en matière de liberté religieuse et de liberté civile, a protégé l'usage et interdit les abus, a marqué les bornes et prévenu les mauvais effets.

Nous avons cru pouvoir nous permettre cette digression, lorsque nous avions à parler de ceux qu'a produits en Pologne l'influence ecclésiastique. Les usurpations du clergé, ainsi que le despotisme des nobles, furent, dans ce royaume comme dans les divers états de l'Europe, les fautes des temps plutôt que celles des ordres. L'ignorance et par conséquent la superstition sont seules comptables, au tribunal de l'histoire, de ces jours déplorables, de ces époques désastreuses. Nous n'entendons blâmer ici ni les gouvernemens, ni les hommes; nous rappelons seulement des faits essentiels, ils servent à indiquer la source de la honte et des malheurs qui ont pesé pendant tant de siècles sur les peuples de la Pologne et sur ceux d'une grande partie de l'occident. Nous remarquerons de plus que le défaut d'*hérédité*, ou de droit de succession au trône, a maintenu la servitude dans tous les gouvernemens mixtes où le *droit d'élection* a fait partie de ce qu'on appelle la constitution de l'état; le royaume de Pologne, l'empire ou plutôt la république germanique, prouvent ce que nous avançons; mais, par une singularité que nous n'entendons pas expliquer, l'influence *temporelle* du clergé catholique a puissamment contribué à perpétuer l'esclavage dans lequel les paysans de la Pologne gémissent encore, tandis que l'abaissement du clergé catholique et l'introduction de la doctrine de Luther ont brisé, dans les divers états de l'Allemagne, presque toutes les chaînes nobiliaires ou féodales qui accablaient ces contrées.

On voyait encore en Pologne, dans le dix-huitième siècle, ce qu'on avait vu en France jusque vers la fin du quatorzième ; un prélat était, après le roi, la première personne de l'état. L'archevêque de Gnesne se trouvait à la fois, par son titre ecclésiastique, le premier des sénateurs, le primat du royaume, le régent de la république pendant les interrègnes, et enfin le légat né du saint-siége. Les Polonais connurent, à leurs dépens, tous les dangers de l'influence ecclésiastique dans les affaires d'un état, lorsque sa constitution favorise ou tolère une semblable monstruosité ; ils statuèrent que le cardinalat ne donnerait aucune préséance dans le sénat, et que l'archevêque de Gnesne serait le seul cardinal de la Pologne : c'est presque la seule bonne loi qui ait été promulguée pendant cinquante ans en Pologne. Les diètes défendirent plus tard à tout prélat de solliciter ce qu'on appelle la pourpre romaine. Auguste II s'engagea solennellement à ne pas envoyer un évêque en ambassade à Rome, et il fut érigé en maxime d'état, dans le conseil de Varsovie, que le roi ne conférerait jamais cette ambassade à un ecclésiastique.

Mais que pouvaient de simples réglemens d'administration (car la discipline ecclésiastique et la conduite du clergé ne sont en effet et ne doivent être que des objets d'administration dans tout état bien ordonné) contre les innombrables vices de la constitution politique et civile ? Les familles nobles formaient autant de factions dans l'état que ces familles comptaient de membres, et l'autorité royale n'y était elle-même qu'une faction. Cette autorité se trouvait dans une opposition constante avec les prétentions des nobles, elle était forcée de réagir contre eux et de conspirer par conséquent contre l'état. Le peuple et le trône étaient tous deux dans l'esclavage. Bientôt il fallut acheter le trône pour pouvoir y monter, et la couronne royale fut à l'enchère. Le clergé possédait de grandes richesses : il s'était exempté des contributions publiques ; il exerçait l'autorité royale pendant les interrègnes : la république était donc à la disposition du clergé et de la noblesse, et ces deux corps se garantissaient mutuellement leurs usurpations et leurs *droits*.

Les interrègnes devinrent en Pologne des époques *régulières* de troubles et de dissensions. L'on pourrait dire qu'il n'y a jamais eu de réglé en Pologne que l'anarchie, comme il n'y a jamais eu de fondé en Russie que le despotisme. Dans les temps anciens, les Tartares et les Turcs avaient profité de *l'interrègne* pour dévaster les provinces méridionales de la Pologne; la Russie s'en servit pour la détruire. Déjà, en 1648, la faiblesse politique de l'état était si grande que les Cosaques et les Tartares seraient parvenus à subjuguer cette monarchie, si les deux hordes ne s'étaient pas divisées et entr'égorgées pour le partage du butin qu'elles enlevaient dans ce malheureux royaume. Charles-Gustave et Charles XII en firent la conquête sans beaucoup de difficulté; Pierre Ier n'en éprouva pas davantage : c'était toujours *l'élection* d'un roi qui servait de prétexte aux malheurs de la nation, et qui attirait sur son territoire le secours des puissances étrangères.

Lorsqu'il ne se trouva plus de Polonais assez riche pour payer le trône aux Catilina de la Vistule, des étrangers l'achetèrent; le roi ne fut plus, suivant l'expression d'un publiciste polonais, que la *bouche* chargée d'annoncer les pensées de l'état, c'est-à-dire de la noblesse ; car si les ecclésiastiques et les nobles avaient les mêmes prétentions à l'autorité, la puissance de ceux-ci, étant établie sur leur nombre et sur leur force militaire, disposait, en dernière analyse, de toutes les grandes résolutions. La république et la noblesse considérées comme une seule et même chose, les nobles établirent les impôts, déclarèrent les guerres, conclurent les traités de paix et les alliances, firent les *constitutions*, et s'attribuèrent enfin exclusivement le droit de déterminer et promulguer les lois auxquelles le monarque devait être assujetti. Les *pacta conventa*, ou chartes polonaises, étaient bien censées représenter les priviléges, les libertés, les immunités de la république et les droits du trône ; mais ces *pacta* n'exprimaient réellement que les conditions auxquelles l'ordre des sénateurs et l'ordre équestre chargeaient d'une couronne la tête du monarque qu'ils instituaient leur premier sujet sous le nom du *roi de Pologne*.

Les rois avaient commis dans cette monarchie, ainsi que dans tous les gouvernemens de l'Europe au douzième siècle, la faute de démembrer les provinces pour former des apanages aux princes de leur sang ; le régime féodal en ordonnait ainsi : les rois avaient affaibli l'état et préparé la destruction de la puissance suprême. De toutes les causes que l'on vient d'indiquer, il résulte que les monarques polonais étaient placés dans la nécessité de devenir les tyrans de leur pays, au lieu d'en être les défenseurs : la guerre civile se trouvait *constituée* dans le sein du corps politique. Et cependant la nation polonaise, jalouse, orgueilleuse de ce qu'elle appelait la liberté républicaine, se regardait comme *la seule nation vraiment libre* qu'il y eût dans le monde.

M. Rousseau, de Genève, a employé tous les prestiges d'une rare éloquence pour défendre les droits et montrer les avantages de la liberté républicaine. L'on pourrait rejeter, sans un long examen, l'opinion d'un écrivain qui a presque toujours erré en politique et en législation, d'un homme dans les écrits duquel les novateurs du dix-huitième siècle ont pris tous leurs sophismes et emprunté toutes leurs armes, d'un misantrope cynique qui a mis la vertu en préceptes et le vice en action, d'un auteur dont la religion, l'autorité et les mœurs ont également à se plaindre : nous ne serons pas injuste envers ce grand et dangereux écrivain ; nous dirons, avec tous les esprits sensés, que M. Rousseau a entassé les paradoxes dans ce livre absurde appelé *Contrat Social*, et que cet auteur, admirable pour l'énergie et la chaleur de son style, est l'un des plus médiocres publicistes que la demi-science et les principes démagogiques du dix-huitième siècle (ce siècle amoureux du raisonnement) aient fait éclore; mais nous reconnaîtrons avec la même vérité qu'il est sorti de cette plume des pages judicieuses et profondes sur les matières de gouvernement, dans les considérations sur le royaume de Pologne : M. Rousseau y a développé des vues saines, il a indiqué d'excellentes réformes, et a montré, surtout d'une manière lumineuse, les vices caractéristiques de la constitution polonaise.

Les grands de ce royaume n'avaient pas su se préserver de l'épidémie des croisades, de ces expéditions dont les rois ne rapportaient, suivant Mézerai, que des coffres vides et des cercueils pleins d'ossemens : mais les croisades avaient du moins provoqué, en France et dans plusieurs états, l'affranchissement des serfs; en Pologne, elles appesantirent l'esclavage des paysans. Cela ne pouvait guères être autrement; ouvert de toutes parts, dépourvu de places fortes, et ne possédant qu'un très-petit nombre de villes, le royaume de Pologne n'était défendu que par les armes de la noblesse. L'anarchie et l'oppression se subdivisaient donc en autant de branches qu'il y avait de familles nobles, et ces familles faisaient en même temps la force et la faiblesse de l'état. Du moment où la royauté n'était pas héréditaire et successive, du moment où la force armée et la puissance législative se trouvaient réunies dans les mains de la noblesse, un roi n'avait plus le pouvoir, et il ne devait pas avoir la volonté de travailler à l'affranchissement du peuple pour opposer les droits du peuple aux prétentions de la noblesse : c'eût été courir, d'une manière certaine, les risques de la déposition.

Ainsi le gouvernement de Pologne était monarchique, aristocratique et démocratique tout ensemble ; on dit démocratique, parce que l'ordre de la noblesse formait une véritable démocratie, du sein de laquelle l'aristocratie cherchait sans cesse à s'élever pour atteindre jusqu'à l'autorité royale. Tous les vices du despotisme, tous les fléaux de l'anarchie se trouvaient rassemblés dans la *constitution* de la Pologne ; cette république ne pouvait jouir d'aucun des bienfaits de la royauté, d'aucun des avantages de la liberté.

La puissance législative était disséminée,

elle se trouvait partagée entre les diétines, les confédérations, les diètes anti-comitiales et post-comitiales, les diètes ordinaires et extraordinaires, les diètes d'élection, etc. Les confédérations et les diètes se traitaient mutuellement de rebelles, toutes faisaient des lois, et se dispensaient d'obéir aux lois de l'état. La diète générale ressemblait à un champ de bataille, bien plus qu'à une assemblée de législateurs ; à la diète de l'élection royale, la noblesse était rangée par escadrons, elle avait toujours les armes à la main : on ne vit, dans aucune nation, la liberté publique et l'autorité royale promulguées, avilies, honorées, opprimées tout ensemble avec plus de violence. La guerre civile était dans la constitution, dans les lois, dans le territoire ; une loi n'était autre chose qu'une capitulation à laquelle le parti vaincu se soumettait jusqu'à ce qu'il fût assez fort pour lever de nouveau l'étendard de la guerre. Le roi, le sénat ne jouissaient pas du droit de veto ou d'opposition, chaque nonce ou député pouvait l'exercer : la Pologne, en un mot, était en révolution permanente. Une forme de gouvernement si extraordinaire, si anarchique, si barbare, n'était cependant autre chose, en partie, que le gouvernement dont la France, l'Angleterre et la plupart des monarchies de l'Europe avaient offert l'exemple dans les dixième et onzième siècles ; mais la Pologne avait religieusement conservé tous les abus de la féodalité ; et l'aristocratie des nobles, fortifiée par l'ignorance et la superstition extrêmes du peuple, ne permettait à la liberté de se faire jour ni par l'industrie, ni par le commerce, ni par la conquête.

Il importe de distinguer l'institution ou système des fiefs d'avec le gouvernement ou régime féodal ; l'un n'est qu'une extension et un abus de l'autre. Le gouvernement féodal est essentiellement funeste dans un état, quoiqu'il puisse lui procurer quelques avantages momentanés ; le système des fiefs peut lui assurer au contraire une grande force, si l'autorité royale est investie des droits et de la puissance nécessaires pour faire respecter la volonté publique ou la loi : la Pologne prouve encore ces assertions politiques. Les starosties, les palatinats, toutes les terres, tous les grands offices n'y furent dans le principe que des fiefs militaires ; aussi long-temps que cet ordre primitif des fiefs se conserva, la Pologne fut formidable au dehors et elle agrandit son territoire ; lorsque la noblesse et le clergé eurent subjugué l'autorité royale et dépouillé le peuple des franchises et de la liberté que cette autorité tutélaire lui garantissait ; lorsque le peuple eut été réduit à l'esclavage politique et civil, la Pologne devint la proie de tous les ennemis qui voulurent l'envahir. L'histoire de cette nation prouve à chaque instant combien la liberté et le bonheur des sujets sont inséparables du droit d'hérédité et de la force d'exécution dans l'autorité royale.

La Pologne portait dans son sein un germe de dissolution particulier à la puissance exécutrice de cet état ; à chaque règne la constitution était altérée ou refondue. Les *pacta conventa* que la noblesse forçait le monarque de signer avant de monter sur le trône devenaient la nouvelle charte de la nation, ou pour mieux dire de la noblesse. Le roi n'était donc que le président d'un sénat constitutionnellement factieux ; l'anarchie dans l'ordre politique, la tyrannie dans l'ordre civil, l'intolérance dans l'ordre religieux, étaient donc les résultats nécessaires d'une telle disposition des pouvoirs publics.

Il n'exista chez aucun peuple des lois plus vicieuses que les constitutions ou lois polonaises. La puissance législative appartenant à toutes les familles nobles, il suffisait d'un seul membre pour suspendre les décisions des représentans de l'état : un seul mot faisait perdre à la diète toute son activité, une seule volonté obligeait les nonces ou députés de se séparer sans rien conclure ; dans l'espace de neuf années, on vit cinq diètes convoquées et dissoutes, sans avoir pris aucune résolution. Un noble Polonais exerçait à Varsovie une puissance plus forte que celle des tribuns de la république romaine ; on a vu des nobles Polonais chargés des liens de la domesticité (car plusieurs familles nobles étaient descendues jusque-là par leur pauvreté), concourir l'élection royale : tant de fierté avec tant d'abaissement sont à peine croyables ; nous le rappelons pour mieux faire sentir combien les principes démocratiques tendent à l'anarchie et à la dissolution ; l'on n'oubliera jamais la réponse d'un grand de Pologne aux personnes qui témoignaient leur étonnement de le voir seul et à pied dans les rues de Varsovie : « Mon cocher, mon postillon et mes « palefreniers exercent aujourd'hui leurs droits « au champ électoral, et ont suspendu leur « service pour donner un roi à la Pologne. » Nous avons tous été témoins de la manière dont de semblables *électeurs* disposaient naguère en France de l'autorité souveraine, de la morale publique et de la fortune de l'état.

Avec de tels auxiliaires, la Russie était sûre de diviser, d'asservir et de détruire la malheureuse Pologne.

Il ne saurait exister, pour un observateur, de circonstances plus intéressantes que celles où une noble et antique nation renaît pleine de force et de gloire, après avoir subi toutes les catastrophes que peuvent enfanter les dissensions civiles et politiques, après avoir été pendant un demi-siècle la proie des machinations et des perfidies politiques, après avoir éprouvé tous les fléaux que la tyrannie, la corruption et le brigandage peuvent accumuler sur un peuple. Nous allons parcourir l'histoire royale de Pologne; elle est remplie de ce patriotisme, de cette valeur héroïque, de ce noble caractère qui distinguent le peuple polonais : des sentimens aussi généreux justifient les espérances que l'Europe doit concevoir en faveur de ses futures destinées, lorsqu'elle voit cette nation, replacée au rang des grandes puissances, abjurer ses anciennes discordes, terrasser l'ambition et l'orgueil de la Russie, et joindre ses bataillons aux aigles invincibles qui vont préparer sur la Néwa la paix publique du continent.

Le gouvernement avait été monarchique en Pologne jusqu'à la fin du quatorzième siècle, à cette époque il devint républicain ; lorsque nous employons ces dénominations, nous considérons le fond sans nous laisser arrêter par les formes. Tantôt électif, tantôt héréditaire, souvent l'un et l'autre dans les temps de troubles, ce gouvernement toujours dépendant, dans le fait, de l'élection, des caprices des ecclésiastiques et des nobles, ne put jamais *s'asseoir* ; l'autorité des rois n'étant point définie, fixée, *garantie*, la puissance royale fut toujours hors d'état de résister à l'orgueilleuse indépendance des nobles, elle se vit réduite à une servitude qui priva le trône et le gouvernement de l'action nécessaire à la défense et au maintien de la chose publique. Cette raison seule expliquerait peut-être pourquoi la Pologne compte si peu de grands rois, pourquoi le nombre des rois faibles, sans talens, sans vertus publiques et même *sans patrie*, est plus considérable dans les annales de cette monarchie que dans l'histoire d'aucune nation. Dans chaque siècle, des rois de Pologne abdiquèrent, s'enfuirent du trône, renoncèrent à leur patrie ; la cour de Rome, il est vrai, causa une partie de ces désordres politiques, et les chevaliers teutoniques, fidèles lieutenans du saint-siége, déchirèrent pendant deux cents ans le sein de la puissance qui leur avait accordé un honorable asile dans ses provinces : mais ces observations, qui font excuser les défauts de la nation polonaise, ne montrent que plus clairement les vices fondamentaux de sa constitution ; ils se développent, règne par règne, dans les dynasties qui ont gouverné le royaume depuis le onzième siècle.

La dynastie des *Piasts*, ou princes polonais, avait subsisté plus de cinq siècles ; quoique l'hérédité du trône eût été souvent interrompue sous ces princes, quoique l'anarchie et le despotisme eussent tour à tour exercé leurs ravages dans l'état, la Pologne avait développé une grande vigueur au dehors. La dynastie des Piasts avait donné à ce royaume un monarque humain, généreux, magnanime : La philosophie ne doit pas oublier que c'est dans le quatorzième siècle, que c'est de Casimir appelé avec justice Casimir-le-Grand, que les sectateurs de la religion hébraïque obtinrent les priviléges dont ils ont joui dans le royaume ; priviléges si grands, que la Pologne fut appelée *le paradis des Juifs* : alors on les livrait à la proscription et aux flammes à Rome et dans la plupart des états de l'occident ! Mais les *pacta conventa*, ou capitulations entre le roi et la république, datent aussi de ce règne ; Casimir fit à ce prix élire, de son vivant, Louis de Hongrie, son neveu : Le meilleur monarque qu'ait eu la Pologne mit le dernier sceau à la tyrannique aristocratie des nobles, et se donna pour successeur un roi étranger qui devait commencer le démembrement du royaume.

Les historiens imputent de grandes fautes à Casimir, ils lui reprochent de grands défauts : ce monarque les couvrit par des vertus illustres, par la première de toutes les vertus royales, un amour vrai pour ses peuples. Un auteur polonais a très-bien exprimé le caractère de Casimir-le-Grand : « Il punissait tou-« jours en père, il récompensait toujours en « roi. » On ne pouvoit pas ajouter, *il négociait en politique habile*. Casimir abandonna, sans nécessité, par le traité de 1343, la Poméranie, la province de Culm, l'important district de Michaelow ; ce traité devint la source d'une foule de prétentions contre l'état, il fut l'origine d'une grande partie de ses malheurs.

Nous ne cherchons pas à réveiller les anciennes animosités entre la Pologne et les puissances voisines de ses frontières, elles sont pour toujours effacées de l'histoire d'une nation nouvelle ; nous voulons simplement observer que les réclamations et les partages exercés en Pologne étaient frappés de nullité par l'injustice manifeste du *droit* invoqué, que la Pologne était légitimement fondée à se ressaisir, dans des circonstances opportunes, de son territoire et de sa souveraineté, et que la Russie, forçant la Prusse et l'Autriche de coopérer au démembrement de ce royaume, a violé tous les droits des souverains et des peuples.

L'héritier du trône de Casimir, ce Louis, appelé du nom de Grand par de lâches historiens, démembra plusieurs provinces sans consulter même les états du royaume; il apporta de nouveaux désordres dans sa constitution politique, en accordant au sénat le plein exercice de la puissance législative. Jusqu'à l'avénement de Louis de Hongrie, la nation polonaise n'avait exercé cette puissance que contradictoirement avec le roi; le monarque étranger la laissa tomber dans les mains du sénat; il donna, par cette condescendance, une audace nouvelle à toutes les prétentions aristocratiques, et mit l'autorité royale à la merci des ambitions les plus folles.

Heureusement la dynastie des *Jagellons* monta sur le trône de Pologne à la fin du quatorzième siècle, et le conserva pendant deux cents ans. Des annotateurs ont dit que le trône de Pologne *devint* électif à la mort de Louis: le droit d'élection existait auparavant, et *l'hérédité du trône*, tantôt reconnue, tôt contestée, *avait été souvent interrompue* sous les Piasts, ainsi que nous l'avons remarqué. Ladislas Jagellon réunit à la couronne la Lithuanie, dont il était duc souverain, la Samogitie et une partie de la Russie proprement dite, appelée depuis Russie Rouge; il fut heureux pour les Polonais de n'avoir de long-temps à exercer leur droit d'élection, Ladislas Jagellon régna plus de cinquante années. *L'hérédité* du pouvoir monarchique avait donné, par intervalles, une certaine consistance au trône de Pologne, et ses rois avaient étendu leur domination en Russie et dans la Moscovie; mais ces brillans efforts appartenaient au monarque plutôt qu'à la monarchie; car le trône, on le répète, était presque toujours électif par le fait, quoique l'hérédité eût été consacrée par le droit; il ne pouvait plus résister aux ambitions, aux usurpations qui naissaient de tous côtés : les grands de Pologne parvinrent enfin à établir *constitutionnellement* le droit d'élection en 1550. La dénomination de *république* de Pologne fut alors introduite par les nonces : aucune loi de l'état n'avait auparavant décidé si le gouvernement serait appelé république en Pologne. En réalité, c'était un gouvernement mixte, mais moins éloigné du véritable système républicain que du régime monarchique, en prenant ces mots dans leur acception stricte. Les mots font souvent les choses, pour les nations comme pour les individus ; les Polonais furent assez malheureux pour se persuader qu'un roi électif est tout simplement un magistrat temporaire qu'il est permis à une nation de révoquer à volonté : ils se crurent les arbitres, et du choix, et de la dignité et du gouvernement de leur monarque, et ils précipitèrent l'état dans un abîme de querelles, de violences et de désastres.

Le système d'élection devint si funeste au corps politique, que le sénat fut obligé, dans la diète préliminaire de 1696, de prononcer l'exclusion contre tous les *Piasts*, ou princes polonais. Il ne restait déjà plus que ce honteux moyen pour éviter les troubles, ou plutôt pour ajourner les factions domestiques ; car le droit d'élection créait toujours des familles royales et ne fondait jamais de dynastie. Les princes, fils du dernier roi élu, formaient des ligues, et avaient quelquefois un parti puissant : les troubles se reproduisaient comme les têtes de l'hydre ; il ne pouvait pas en être autrement, lorsque toute raison politique était renversée. Le fils du palatin, le fils du roi n'avaient aucun droit aux dignités de leur père, et les palatins étaient gouverneurs *perpétuels* des provinces. Il n'y avait d'héréditaire en Pologne que les terres et les *droits* des nobles, que les révoltes et l'anarchie. L'état se trouvait donc nécessairement abandonné à toutes les intrigues, à toutes les factions qu'il convenait aux puissances étrangères de fomenter dans son sein.

La Pologne s'était aveuglément soumise aux volontés des pontifes de Rome. Au milieu du quinzième siècle, les papes avaient forcé les Polonais de violer les traités qui unissaient la Turquie et la Pologne, il en résulta entre les deux nations une inimitié qui fut la source des plus sanglantes guerres. Le duc d'Anjou, depuis roi de France sous le nom de Henri III, fut élu roi de Pologne : il porta sur les rives de la Vistule les principes superstitieux et les maximes sanguinaires de Catherine de Médicis et de Charles IX. Vraisemblablement Varsovie aurait eu, comme Paris, à rougir d'une Saint-Barthélemi, si la mort de Charles IX n'eût sauvé les Polonais ; elle décida le duc d'Anjou à s'évader du trône. Mais c'est de son apparition en Pologne que datent, dans ce royaume, les troubles et même le nom des *dissidens*. Un prince de Transylvanie fut appelé à la couronne, après la fuite du duc d'Anjou :

la nation lui adjoignit seize sénateurs pour l'instruire des usages et des lois de l'état; c'est l'origine des *sénateurs résidens*.

Les interminables brigues pour l'élection d'un roi, les conflits de juridiction et d'autorité entre la puissance législative et la puissance exécutive qui se renouvelaient à chaque règne, portèrent les nobles Polonais à créer des *confédérations*; elles prirent naissance sous Sigismond III : ces actes sont particuliers à la nation polonaise. Elle les envisageait comme des mesures d'une résistance légale à l'autorité du monarque, elles n'étaient réellement que des révoltes armées. Les nobles Polonais lançaient des manifestes, prenaient les armes, levaient des impôts, rendaient la justice, se liguaient tantôt contre le roi, tantôt contre eux-mêmes, de la même manière qu'une puissance souveraine arme et se ligue avec une autre puissance pour faire la guerre à un ennemi commun. Il serait difficile d'imaginer un plus étrange, un plus funeste renversement de tout principe d'ordre et de conservation. Les citoyens étaient déclarés rebelles ou fidèles à la patrie, selon que la confédération dont ils étaient membres obtenait des succès ou éprouvait des revers. Toutes les violences se commettaient alors au nom de la loi publique, et la nation tombait en *interrègne social*, s'il peut être permis de se servir d'une expression qui peut seule peindre un résultat de choses semblable. Dans des circonstances, dans des troubles de cette nature, les puissances étrangères trouvaient de merveilleuses facilités pour diviser la république et opérer le démembrement de son territoire.

Le principe des confédérations eût été cependant susceptible de produire autant de biens qu'il entraînait de maux, s'il avait pu exister dans ce royaume un centre de réunion déterminé par la loi, et invariablement fixé par la constitution, si les volontés particulières, les généreuses passions et le noble patriotisme des Polonais eussent trouvé dans l'autorité suprême une protection *incorruptible*, un guide assez sage et assez fort pour conduire leurs entreprises à la délivrance de l'état; si le monarque, débarrassé de toute inquiétude au dedans, eût joui du pouvoir de diriger contre les ennemis du dehors cet amour de la liberté et de la patrie qui ne déployait ses forces que pour déchirer la patrie et la liberté.

Aussi différente de ces anciennes confédérations que les temps où nous vivons l'emportent sur toutes les époques anciennes et modernes, la confédération générale de Pologne constituée à Wilna, avec l'adhésion de S. M. le roi de Saxe, grand-duc de Varsovie, sous la suprême protection de S. M. l'empereur Napoléon ; cette confédération de tous les cœurs et de tous les bras de la Pologne offre aujourd'hui à l'univers la plus noble réparation qu'aient jamais obtenue la liberté et l'honneur. Ce spectacle sublime est la digne récompense du héros qui rappelle un grand peuple à la vie, qui d'un seul mot donne à l'Europe, comme à la nation polonaise, des gages sacrés de conservation, de justice, de force et de paix. C'est à cette confédération de sages et de guerriers, tous unis par les mêmes malheurs et jaloux de la même gloire, tous éprouvés par l'exil ou par une servitude et des calamités plus affreuses que la proscription ; c'est à ces nobles victimes, toutes également dignes du nom de Polonais, du titre de soldats de Napoléon, d'alliés et d'amis de la France : c'est à une confédération aussi sainte que la Providence avait voulu réserver l'inestimable honneur de fixer par des lois immuables la constitution et le trône de Pologne, en corrigeant tous les vices, en adoptant toutes les améliorations dont dix siècles d'expérience ont, de concert, prouvé la nécessité.

Magnanimes Polonais, peuple grand et généreux, heureuse nation, les regards de l'univers sont aujourd'hui fixés sur la Vistule ! La postérité vous attend, et une nouvelle histoire se prépare pour vous ; les annales napoléoniennes vont recueillir, elles conserveront à jamais toutes vos pensées, toutes vos actions ! C'est sur vos provinces, sur votre capitale, si long-temps désolées et captives, que les peuples civilisés placent maintenant de longues espérances de paix ; vous allez devenir la barrière de l'Europe contre les barbares qui démembrèrent l'empire romain et qui répandirent dans l'occident les ténèbres de l'ignorance avec tous les fléaux de la servitude. Vous avez vu les malheurs, l'humiliation profonde de votre patrie ; vos rois, vos princes, les plus illustres de vos citoyens, les plus braves de vos défenseurs furent traînés sur une terre inhospitalière ; ils finirent leurs jours dans l'amertume, dans la captivité, dans les larmes. Votre capitale fut incendiée ; vos fleuves, teints du sang de vos pères, roulèrent les cadavres de vos enfans ; vos provinces furent égorgées, votre population fut assassinée, votre nom même fut aboli par ces féroces spoliateurs que l'empereur des Français vous appelle à chasser loin de ce territoire qu'il vient affranchir pour jamais des fers du Moscovite !.... Vous justifierez par la sagesse de vos assemblées et de vos nouvelles lois, par la dignité et la force dont vous environnez votre monarque, par la bravoure de vos soldats et le patriotisme de tous les enfans de la Pologne, vous justifierez, vous accomplirez de si hautes, de si rares destinées ; la Providence et Napoléon ont prononcé ! Vous mériterez cet amour, cette alliance de gloire et de souveraineté dont l'empereur des Français vous honore ; et, franchissant les siècles et les âges, toujours appuyés sur des lois immuables, devenus invincibles par votre union, vous offrirez à la postérité ce consolant exemple d'une nation détruite, anéantie, sans territoire, sans nom, qui parvint, à force d'honneur, à recouvrer sa patrie et sa gloire.

Le règne de Sigismond III, l'un des plus longs qu'ait eus la Pologne, est célèbre dans l'histoire de cette monarchie par les victoires qu'elle remporta sur les Moscovites, par la prise de Moscow, par l'élévation du fils de Sigismond au trône des tzars. Ce règne est aussi remarquable par les guerres des Polonais avec les Cosaques et les Turcs, elles mirent le royaume en combustion ; il fut en proie aux querelles religieuses et à toutes les entreprises de la puissance ecclésiastique. Un jésuite, cardinal, fut élu roi de Pologne ; il plaça le royaume sous la protection de la Vierge, mère du Christ, et reçut du pape Alexandre VII le titre de *majesté orthodoxe*; c'est dire que la cour de Rome régnait à Varsovie. En conséquence, Jean-Casimir fit renouveler, par la diète, toutes les lois rendues anciennement contre les dissidens ; elle fut au moment de prononcer l'expropriation, le bannissement contre tous les Polonais qui ne professaient point la religion catholique de Rome. Le royaume avait à soutenir contre les Cosaques une guerre difficile, et le clergé romain lançait les excommunications, c'est-à-dire les malédictions sociales contre tout palatin qui osait défendre l'état sans avoir fait soumission de foi aux prétentions ultramontaines : le clergé réussit enfin à faire exclure les *protestans* des charges et dignités dépendantes de la couronne, des nonciatures, des députations. Pendant toutes ces dissensions religieuses, politiques et civiles, les Cosaques s'affranchirent de la suzeraineté polonaise et se mirent sous la protection de la Russie ; cette puissance s'empara d'une partie de l'Ukraine et de la Kiowie, et la paix d'Oliva lui garantit ces provinces, malgré les réclamations de la Pologne. Les électeurs de

Brandebourg s'emparèrent de la *souveraineté* de la Prusse, du précieux territoire d'Elbing, et de celui de Draheim, que la Pologne avait été forcée de leur *engager*. Les Suédois conquirent la riche province de Livonie; enfin les palatinats de Smolensko, de Sévérie et de Czernichow, furent démembrés du royaume de Pologne. Tels furent les désastres occasionnés par deux moines qui portèrent successivement la couronne de Pologne par *droit d'élection*.

Jean Sobieski monta sur le trône; faut-il le dire? le plus grand roi qu'ait eu la Pologne fut presque réduit à acheter le sceptre. Le vainqueur des Turcs et le sauveur de Vienne lui donna un nouveau lustre; mais les beaux jours du royaume disparurent, ils 'séteignirent avec le monarque qui l'avait sauvé plusieurs fois de la conquête des puissances étrangères, sans pouvoir le préserver de ses propres fureurs. Depuis le commencement du dix-huitième siècle, l'histoire de Pologne n'est plus que celle des intrigues du cabinet de Saint-Pétersbourg; il y dicte ses lois et y détruit toutes les influences étrangères. Rien ne prouve plus fortement que les intrigues des cours sont les vrais ressorts des plus grands événemens. Il n'est pas dans la nature de cet écrit de parler de ces intrigues ténébreuses, et nous nous respectons trop nous-même pour arrêter nos regards sur ces misérables ressources qui furent la politique et la science de la plupart des gouvernemens dans le dernier siècle : nous nous bornerons à dire que toutes les cours vivaient *au jour le jour*, et que les événemens gouvernaient les empires ; ajoutons, pour ne plus revenir sur un sujet semblable, que, dans ce dix-huitième siècle, qui aurait légué tant de malheurs à l'Europe, si l'empereur Napoléon n'eût tout corrigé et tout sauvé, des souverains, puissans aux yeux de leurs sujets, étaient réduits par un ministre, et quelquefois par une courtisane, à l'humiliante condescendance de n'être maîtres ni dans leurs états, ni dans leur cabinet, ni souvent même dans leur palais.

Après la mort de Sobieski, les électeurs de Saxe régnèrent à Varsovie. Frédéric-Auguste II procura à la république, par le traité de Carlowitz, la restitution de Kaminiek et des places dont les Turcs s'étaient emparés en Podolie et dans l'Ukraine ; mais il n'était pas en la puissance des monarques saxons de défendre la république contre les entreprises des Moscovites. Depuis la réunion du duché de Lithuanie à la Pologne, les deux états moscovite et polonais se touchaient sur toute la ligne de leurs frontières, de la mer Baltique à la mer Noire; les tzars, ces anciens feudataires du trône de Varsovie, n'eurent plus dès ce moment qu'un seul objet en vue, celui de conquérir la Pologne afin de pénétrer en Europe par la mer Noire, par la mer Baltique, par les frontières allemandes. La paix de Nystadt ayant assuré aux Moscovites la possession de la Livonie, de l'Esthonie, de l'Ingrie, de la Carélie, de Wibourg et des îles voisines, tout système de résistance et de balance politiques fut détruit dans le nord, et le nouveau cabinet de Saint-Pétersbourg intervint dans les affaires générales de l'Europe. Depuis le règne de Pierre Ier et le démembrement de la puissance suédoise, les annales de la Pologne ne présentent plus qu'un seul tableau, celui des manœuvres de l'empire russe à Varsovie : et Catherine II, qui, dans tout le cours de son règne, ne laissa échapper aucune occasion de s'agrandir et ne perdit jamais de vue, pendant trente-quatre ans, la dévastation et la conquête du royaume de Pologne; Catherine II, qui avait de la suite dans le caractère, et dont l'ambition était continue et sans paresse, réussit à détruire en Pologne toutes les influences, toutes les volontés, toutes les protections qui pouvaient apporter quelque obstacle à l'exécution de ses vues.

Nous sommes arrivés à cette honteuse époque où les barbares du nord introduisirent dans le code des puissances européennes une législation et des *droits* fondés sur l'oppression et sur le brigandage ; où le cabinet russe, fort de la faiblesse de celui de Versailles, et se prévalant de l'indifférence dans laquelle cette faiblesse retenait les grandes puissances, rompit tous les traités, annula les droits les plus saints, et commit des attentats politiques jusqu'alors sans exemple.

Depuis l'invasion de Charles XII en Pologne, la situation de cette république avait toujours été déplorable ; loin de remédier à aucun des maux dont l'état se trouvait accablé, les diètes les aggravaient de toutes les scissions dont elles étaient nécessairement accompagnées. Les envoyés de Saint-Pétersbourg corrompaient les nonces, ou faisaient dissoudre les diètes en mettant en avant ce *liberum veto* que chaque nonce avait droit d'exercer ; les Polonais recouraient alors aux confédérations, les révoltes éclataient dans les provinces, et la Russie, qui les avait provoquées, y trouvait de nouveaux prétextes pour faire entrer des troupes sur le territoire polonais. Dès 1745, la tzarine Elisabeth avait fait signifier à Varsovie « qu'elle ne *souffrirait* « jamais la moindre *association* ou *innovation* « qui pût tourner au préjudice de S. M. le roi « de Pologne, de la république, ou des droits « et priviléges de la nation. » C'était déclarer, que la cour de Russie avait pris la résolution de s'immiscer dans toutes les affaires intérieures du gouvernement de Pologne. La marche était toute tracée, Catherine II n'eut plus qu'à la suivre.

Cette souveraine conçut le dessein d'avilir les Polonais pour les asservir plus facilement; elle se décida à faire un roi de Pologne, et, dans une déclaration envoyée à toutes les cours de l'Europe, elle ne craignit pas de s'exprimer ainsi : « Nous ne pouvons voir avec in-
« différence cet état se détruire *par lui-même,*
« *et les droits de l'humanité seuls* nous ordon-
« nent d'empêcher qu'on n'y verse des tor-
« rens de sang. Les souverains sont les défen-
« seurs des hommes, et l'autorité dont ils
« jouissent sur quelques cantons de la terre
« leur donne *le droit de s'intéresser à tous les*
« *pays*. En notre qualité de médiatrice *natu-*
« *relle*, et comme autorisée par les traités entre
« les différens états qui composent la répu-
« blique, nous veillerons, *suivant l'exemple*

« *de nos prédécesseurs*, aux intérêts de la
« Pologne, et nous arrêterons les atteintes
« qu'on pourrait porter à sa *constitution* et à
« ses lois fondamentales. *Prévoyant* qu'il s'é-
« lèverait des troubles pendant l'interrègne,
« nous avons résolu, immédiatement après la
« mort du roi, de remplir *les devoirs sacrés*
« *de l'humanité* et de la foi des traités : nous
« assurons de nouveau la république que nous
« redoublerons d'attention, afin d'*éloigner* les
« dangers inséparables des circonstances, etc. »
La citation est longue, mais elle est importante; on a dû rapporter ce passage en entier, pour bien établir les *droits* du cabinet de Saint-Pétersbourg. Chaque ligne, chaque mot de cette étrange déclaration est un attentat à l'indépendance de la nation polonaise, un outrage sanglant à la couronne de France, une violation éclatante de la souveraineté de tous les états de l'Europe. Puisque l'autorité dont les *autocrates* jouissent sur quelques cantons de la terre leur donne le *droit* de s'intéresser à tous les pays, d'arrêter par conséquent les atteintes *qu'on pourrait porter* à leurs *constitutions*, le cabinet de Saint-Pétersbourg peut *légitimement* intervenir dans les débats du parlement d'Angleterre; il peut demander que les deux chambres s'occu-

pent sans délai de la réforme parlementaire, si vivement sollicitée par tous les Anglais jaloux de la conservation de leurs droits politiques; il peut exiger que les *atteintes* portées à la *constitution* par les ministres du régent d'Anterre soient arrêtées; elles sont précises et manifestes, et certainement c'est bien le cas où le cabinet de Saint-Pétersbourg ne doit pas voir avec indifférence un état se detruire par *lui-méme*, puisqu'il est autorisé, d'après ses principes, à se mêler de l'administration intérieure de tous les gouvernemens de l'Europe, et puisqu'il est si jaloux de remplir *les devoirs sacrés de l'humanité.*

Eh que peut répondre, de quoi peut se plaindre le cabinet de Saint-Pétersbourg, après une telle déclaration, solennellement promulguée par ses ministres, lorsque le cabinet de France prête aujourd'hui une généreuse assistance à la nation polonaise pour rétablir la constitution et les lois fondamentales du royaume; quelle intervention, quelle médiation, quelle protection, furent jamais et plus nobles et plus légitimes que celles de l'empereur Napoléon, dont quinze millions de Polonais invoquaient, depuis sept ans, le génie libérateur sur les rives de la Vistule? Ne serait-ce donc que pour opprimer, égorger et détruire, que *les droits sacrés de l'humanité* pourraient être proclamés, que les souverains auraient la faculté de s'immiscer dans les affaires d'une nation, ainsi que l'a pratiqué le cabinet de Russie en Suède, en Pologne, en Turquie, en Perse, etc. ? Ce droit et cette faculté cesseraient-ils d'exister pour le souverain jaloux de rendre à une nation ses lois fondamentales et sa liberté ; pour le monarque qui viendrait, escorté de cent victoires, briser les fers d'un grand peuple, et qui ne lui imposerait d'autre condition que celle d'assurer son bonheur et de veiller à la paix publique de l'Europe ? Le peuple polonais s'était-il donc soumis de gré à la souveraineté absolue de la Russie ? avait-il renoncé au droit de recouvrer sa liberté ? n'avait-il pas au contraire résisté de toutes ses forces aux prétentions et à la tyrannie que Catherine II exerçait à Varsovie pour anéantir cette liberté ?

Certes, s'il fut jamais des guerres impies et sacriléges, ce furent celles dont les Russes ont entretenu les ravages en Pologne pendant un demi-siècle ; certes, s'il y eut jamais une guerre *solennelle selon le droit des gens*, ainsi que s'exprime Grotius, c'est la guerre actuelle de Pologne : et s'il exista en aucun temps une cause sainte, une cause digne que tous les vœux et tous les efforts de l'Europe en assurent le triomphe, c'est celle que les Polonais viennent de déclarer avec tant d'héroïsme dans l'ancienne capitale des Jagellons !.... Il sera consacré dans les annales du monde, aussi long-temps que la civilisation existera parmi les hommes, le nom du monarque qui conduit aujourd'hui l'Europe sous ses drapeaux, pour reconquérir à l'Europe une noble et grande puissance; il sera béni dans tous les âges, le nom du héros qui marche à la tête de la croisade de la civilisation, pour rejeter dans leurs forêts ces spoliateurs barbares qui auraient un jour couvert de sang et de deuil les plus belles contrées de l'occident : son bras invincible vient poser la barrière d'airain autour de laquelle frémira l'impuissante rage du Moscovite ; Napoléon vient réparer le plus immense outrage qui ait jamais été fait au droit des gens, et il *réhabilite* en Pologne l'honneur de toutes les couronnes et les droits de toutes les nations.

Si la nation polonaise abjure pour jamais les principes d'anarchie et ce *droit d'élection* qui causèrent dix siècles de guerres civiles et entraînèrent la ruine du corps politique; si des lois sages, fortement protectrices de l'hérédité du pouvoir et de la transmission de la propriété, consacrent le nouveau pacte social de la Pologne, l'Europe n'aura plus à craindre ces inondations de barbares qui en ont changé plusieurs fois la face, et les nations civilisées pourront enfin jouir d'une longue paix.

L'affranchissement des serfs est le premier bienfait que doivent solliciter les Polonais. Si jamais souverain eut le droit de demander aux grands, aux nobles de la Pologne, le sacrifice de leurs anarchiques prérogatives, c'est l'empereur Napoléon dont la générosité et la protection se montrent avec tant de grandeur sur les rives de la Vistule. Sans doute les familles les plus illustres seront les premières à s'honorer, aux yeux de l'Europe, par le noble abandon de ces priviléges qui dégradent en Pologne la condition du cultivateur et de l'artisan; une juste compensation peut être établie entre les droits de l'humanité et les intérêts des privilégiés; et l'agriculture, exercée par des mains libres, améliorera la fortune des nobles, en les débarrassant de ce pouvoir arbitraire sous lequel gémissent leurs vassaux.

Malgré la faiblesse du cabinet de Versailles, la tzarine Catherine II avait cru nécessaire de ne point alarmer encore les Polonais sur l'intégrité du royaume : c'était la prudence de la

perfidie. Catherine II envoya au prince primat de Pologne un écrit signé de sa main, par lequel l'autocratrice, *impératrice de toutes les Russies* « s'engageait pour elle et pour ses suc-
« cesseurs à ne jamais former, sous le pré-
« texte de son titre d'impératrice *de toutes les*
« *Russies*, aucune prétention sur les pro-
« vinces *de ce nom* qui faisaient partie du
« royaume de Pologne. »

Catherine II s'empara *de toutes ces provinces* et les réunit à sa couronne : mais l'acte émané de son cabinet interdit *à ses successeurs* tout droit de réclamation, au moment où les Polonais recouvrent, par l'honneur et par la justice, ces provinces que la perfidie et l'oppression leur ravirent.

L'autocratrice employait un grand art pour fomenter en Pologne les dissensions politiques, pour faire dissoudre par ses envoyés les diètes où la volonté russe n'obtenait pas une entière influence; elle mettait en jeu tous les ressorts de la politique la plus déliée, elle recourait à toutes les ressources de ce machiavélisme dont elle avait fait l'apprentissage *sous la princesse d'Askhoff;* Catherine II prodiguait l'or, les dignités, les séductions de toute espèce, et surtout l'impunité, afin de se créer des partisans dans toutes les provinces: ses intrigues étaient inextricables. Malgré ces intrigues, malgré les vices innombrables de la constitution polonaise, vices que la cour de Russie défendait aux Polonais de corriger, sous peine de voir une nouvelle armée accourir pour *protéger* la capitale, le gouvernement et l'état offraient toujours ces sublimes élans, ces traits de patriotisme qui caractérisent une nation libre. L'honneur polonais était indigné; il saisissait avec fureur jusques au tronçon de l'arme dont le Moscovite brisait la poignée; et si la Pologne fut enfin subjuguée, l'on peut dire du moins, sans manquer à la vérité, que l'honneur polonais ne fut pas un instant compromis. Semblable au feu sacré, l'honneur de la Pologne se conserva dans toute sa pureté après la dispersion et la mort du royaume.

Le territoire de la Pologne était occupé, il était opprimé par les armées russes; la capitale nageait dans le sang, les villes étaient incendiées, les campagnes étaient livrées au fer des assassins, sans que la patrie vît aucun de ses droits s'affaiblir dans le cœur des Polonais. Hélas! ils méritaient d'être libres; mais ils n'avaient pas su, et ils ne pouvaient plus le devenir : ou plutôt l'implacable et éternel ennemi de la Pologne avait juré d'enfoncer dans son sein le poignard de l'anarchie! Les factions qui dévoraient la république devaient rendre impuissans tous les efforts tentés pour maintenir son indépendance.

Des causes étrangères de la plus grande force se réunirent encore pour rendre plus douloureuse et plus difficile la situation intérieure de la république. Les cabinets de Saint-Pétersbourg et de Londres étaient animés d'une égale haine contre la France, quoique par des motifs et pour des intérêts différens : ils obligèrent les cours de Berlin et de Vienne d'adhérer à leurs vues, et la Pologne se trouva *protégée* par des puissances qui lui ordonnèrent, les armes à la main, de ne remédier à aucun des maux, de ne réformer aucun des abus qui allaient entraîner sa ruine totale. La tzarine Catherine II, surtout, protégeait ces abus avec la plus grande sollicitude ; mais elle s'avançait pas à pas dans cette vaste carrière d'iniquités politiques. Selon les conjonctures, elle prescrivait à ses visirs de respecter la souveraineté, ou de violer les libertés de la nation polonaise. Ne renonçant jamais à ses projets, lors même qu'elle paraissait solennellement en abandonner l'exécution, ne mettant aucune lacune dans ses perfidies, ne laissant apercevoir aucun vide dans ses déclarations, elle semait d'une main des paroles de paix, et faisait éclater de l'autre des menaces de guerre. Elle offrait, à la tête d'une armée, des actes de renonciation, et en même temps elle forçait, par cette attitude, la Prusse et l'Autriche de garantir aussi la constitution et le trône de Pologne. Elle pensionnait les écrivains, achetait les ministres et caressait jusques à l'amour-propre et à la cupidité des courtisanes qui régnaient à Versailles. Cette souveraine, que M. de Voltaire a surnommée la *Sémiramis du nord*, et qui n'eut cependant avec la reine de Babylone qu'un grand trait de ressemblance, cette impératrice, proclamée pendant trente ans comme le modèle des législateurs et des rois, Catherine II descendait aux moyens les plus vils, et se couvrait de tous les masques de grandeur et de petitesse qui pouvaient en imposer encore aux Polonais, et empêcher que la cour de France ne se réveillât enfin aux accens de leur désespoir.

Catherine II a joué un grand rôle ; mais cette souveraine s'est jugée elle-même, et avec plus de vérité qu'elle ne le pensait, lorsqu'elle a dit : *Je n'ai eu que du bonheur.* Catherine II se trouva placée dans des circonstances merveilleusement favorables à son ambition ; elle tira un grand parti de ces circonstances : ses projets furent aussi vastes que son orgueil. Dans ses desseins, elle rapportait tout à sa propre gloire ; elle avait du courage, peu d'aptitude, mais beaucoup d'application aux affaires ; elle était douée de cette volonté forte à laquelle rien ne résiste à la longue: elle connaissait la situation des divers cabinets de l'Europe, le caractère des souverains et des ministres. Elle profita de toutes leurs fautes, de toutes leurs faiblesses ; elle recula les limites de son empire en Europe et en Asie ; elle réunit à sa couronne un grand nombre de provinces ; elle se vit au moment de prendre possession de Constantinople et de placer un prince de sa maison sur le trône d'orient. Son règne fut long, il fut glorieux pour l'empire russe ; fut-il heureux pour ses sujets ?

Catherine II se montra jalouse de donner à ses peuples un code de lois, et cette noble entreprise fut annoncée avec la plus grande ostentation : pour juger d'un seul trait la médiocrité des lumières et l'étendue du despotisme qui dirigèrent ce plan, il suffit de dire que Catherine se décida à maintenir la servitude personnelle dans ses états. Il n'y eut pas de code de législation, et ce grand travail se borna à promulguer quelques formes de jurisprudence qui mériteraient à peine à leur auteur le titre de légiste. On ne vit dans aucun état des finances plus mal administrées, plus obérées que celles de l'empire russe sous le règne de Catherine II, et aucun empire n'offrit jamais un régime intérieur plus vicieux dans toutes ses parties. La corruption et la vénalité des tribunaux furent publiques sous son règne. Les gouverneurs de province abusèrent de leur pouvoir avec une impunité éclatante; les ministres, qui ne devraient être qu'exécuteurs exacts des ordres du souverain, les ministres russes, invisibles comme Dieu, s'attribuèrent le droit de fermer la bouche sur leurs opérations; ils commirent les plus criantes vexations sous le nom de l'impératrice, et affichèrent jusque dans leurs grâces le despotisme le plus révoltant. Catherine avait fait de l'impunité des gens en place un système de gouvernement : elle redoutait les murmures des grands officiers de l'empire, aussi fut-elle constamment sourde aux plaintes des peuples. Jamais souverain n'accorda tant à la faveur et si peu au mérite; son règne fut celui des favoris et des gens en place; et, malheureusement pour cet empire, la cour de Russie est, de toutes les cours de l'Europe, celle où l'on trouve le plus d'hommes corrompus, rampans, dénués de vertus et de toutes bonnes qualités. Catherine II était dépourvue de goût : on n'aperçoit ni goût ni véritable grandeur dans tous les édifices publics ou particuliers dont elle ordonna la construction ; enfin, pour achever de la juger d'après elle-même, nous allons citer ses paroles à M. le prince de Ligne : « Savez-vous que c'est mon bon protecteur Voltaire qui *m'a mise à la mode*; il m'a bien payé du goût que j'ai pris toute ma vie à le lire. » Cette souveraine fut en effet beaucoup trop louée de son vivant; sa gloire en a souffert. Son règne ne présente à l'esprit aucune de ces idées de grandeur qui viennent s'offrir à notre imagination lorsqu'on parle d'Elisabeth, reine d'Angleterre, ou de Louis XIV : ce n'est que *le règne civilisé* de Pierre Ier. Catherine II se montra constamment fidèle à l'esprit, à l'ambition de ce monarque ; et l'on peut dire que c'est en s'appuyant sur le nom de Pierre Ier que cette souveraine s'est maintenue sur le trône : elle y a vécu au milieu des plaisirs et des triomphes : son empire s'est étendu, mais il s'est affaibli au lieu de se consolider, et ses sujets portent aujourd'hui la peine de ses prodigalités et de son ambition. C'est à l'histoire à prononcer en dernier ressort, à assigner à Catherine II la place qu'elle doit occuper dans la liste des souverains dont le règne fut fertile en grands événemens : mais l'histoire vouera à l'exécration des siècles la politique et la conduite de cette souveraine à l'égard de la Pologne : l'une et l'autre sont inexcusables.

Ce n'est pas la Prusse, ce n'est pas l'Autriche qu'il faut accuser du démembrement de ce royaume, elles s'y opposèrent long-temps; et lorsqu'elles furent obligées de souscrire à la spoliation, ces cours ne firent que défendre leur influence contre celle dont la Russie se prévalait audacieusement dans le nord de l'Allemagne. La loi politique fit aux deux cours de Vienne et de Berlin une malheureuse nécessité de partager la dépouille qu'il n'était plus possible de sauver; elles reconnurent, elles sanctionnèrent le partage. Mais le crime et la honte en appartiennent au cabinet de Saint-Pétersbourg; c'est lui qui a teint de sang les eaux de la Vistule; c'est son ministre Repnin, son général Souwarow qui ont égorgé la capitale et traîné en captivité les plus illustres défenseurs de l'état; c'est le cabinet russe qui a violé seul, pendant un demi-siècle, tout ce qu'il y avait de sacré parmi les hommes, la foi des traités, le droit des gens, et jusqu'aux droits de l'humanité.

La cour de Russie était si évidemment l'instigatrice des troubles et l'artisan des malheurs de la Pologne, que les cabinets de Berlin et de Vienne se bornèrent en quelque sorte jusqu'aux conférences de Fockiani, à *observer* sur la Vistule les opérations et les vues de Catherine. Il est permis de croire qu'ils furent long-temps déçus par cette ostentation de générosité et de protection que les ministres de Catherine II affichaient à Varsovie ; plusieurs actes émanés de ces cabinets semblent justifier cette opinion ; elle est celle d'un auteur estimable qui a laissé de bons mémoires sur les affaires dont nous parlons : nous ne prétendons ni approuver, ni réfuter cette opinion, nous rapportons les faits. L'impératrice de Russie ayant envoyé à la république de Pologne un acte de renonciation, scellé du sceau de l'Empire, le roi de Prusse et l'empereur d'Allemagne s'empressèrent d'offrir les mêmes garanties territoriales, les mêmes sûretés politiques ; ces souverains espéraient sans doute qu'une déclaration aussi textuelle préviendrait le démembrement dont la Russie menaçait ce royaume. Les actes des puissances copartageantes sont précieux pour l'histoire ; nous en citerons les passages essentiels.

La Russie disait : « L'impératrice *de toutes*
« *les Russies* n'a entendu s'arroger par aucun
« moyen, soit à elle, soit à ses successeurs,
« soit à l'empire, aucun droit ou prétention

« sur les pays ou territoires maintenant pos-
« sédés par le royaume de Pologne *ou le grand-*
« *duché de Lithuanie*, ou soumis à leur ad-
« ministration ; mais sadite majesté garantit
« au contraire auxdits royaume et duché toutes
« les immunités, terres, territoires et pro-
« vinces dont lesdits royaume et duché doi-
« vent jouir de droit, et qu'ils possèdent ac-
« tuellement ; dans toutes les circonstances et
« *à perpétuité*, elle leur en maintiendra la
« jouissance libre et entière contre les pré-
« tentions de toutes les puissances qui essaie-
« raient de les en déposséder, *en quelque temps*
« *et sous quelque prétexte* que ce puisse
« être, etc. »

Voilà une reconnaissance bien positive de l'intégrité du royaume de Pologne et de l'indépendance de ses droits politiques consentie par le cabinet de Saint-Pétersbourg ; une déclaration semblable n'admet point de subterfuges. Quelles raisons pourrait alléguer la Russie pour infirmer aujourd'hui la revendication du territoire et la restauration des droits du royaume de Pologne qui viennent d'être proclamées à Wilna par la confédération générale ? et de quelles armes pourrait se servir avec justice le cabinet de Saint-Pétersbourg pour s'opposer à la pleine exécution des mesures ordonnées par les représentans de la nation polonaise ?

On va voir que l'empereur d'Allemagne et le roi de Prusse n'entendirent pas donner une garantie fausse et illusoire, lorsqu'ils offrirent leurs *renonciations* à la république de Pologne ; ces souverains, non-seulement reconnaissent la validité de leurs actes, mais ils en appuient aujourd'hui l'exécution par la force des armes ; et cette conduite de deux grandes puissances, que la cour de Saint-Pétersbourg était parvenue à envelopper dans les replis de sa politique, démontre la sincérité des protestations qu'elles firent en faveur de la république de Pologne.

Le roi de Prusse fit remettre un acte, signé de sa main, dans lequel il déclarait « qu'il
« n'avait aucunes prétentions, ne formait au-
« cune réclamation sur la Pologne ou partie
« de ce pays ; qu'il renonçait à toutes préten-
« tions sur ce royaume, soit comme roi de
« Prusse, soit comme électeur de Brande-
« bourg, soit comme duc de Poméranie ; ga-
« rantissant de la manière la plus solennelle
« que faire se pouvait *le territoire et les droits*
« *de la Pologne* contre les entreprises des au-
« tres pouvoirs, quels qu'ils fussent, etc. »

La Cour de Vienne, aussi persuadée sans

doute que son intervention, jointe à celle de la Prusse, forcerait la Russie de respecter l'indépendance du royaume de Pologne, la cour de Vienne fit assurer le roi et la république « qu'elle leur fournirait *de puissans secours*, « si leur indépendance et leur territoire étaient « *menacés*; que la maison d'Autriche acquit-« terait alors envers les Polonais le zèle avec « lequel leur roi Jean Sobieski avait jadis dé-« fendu la monarchie autrichienne, etc. »

Ces deux cours ont été fidèles à leurs engagemens ; la Prusse et l'Autriche dégagent maintenant leur parole, et envoient une armée à la délivrance de la Pologne : ces puissances recueillent une partie de la gloire attachée à cette grande entreprise. L'histoire leur tiendra compte des nobles efforts qu'elles déploient, ainsi que de la sagesse de leurs conseils.

Ces cabinets s'étaient flattés que la cour de Saint-Pétersbourg, prenant l'Europe à témoin de la générosité de ses dispositions en Pologne, contribuerait de tout son pouvoir à maintenir l'indépendance de ce trône et l'intégrité de ce royaume. Lorsque la Russie eut mis toute sa perfidie à découvert, lorsqu'il ne resta plus aucun espoir de salut aux infortunés Polonais, lorsque le cabinet de Versailles eut laissé Catherine II absolument maîtresse de couvrir leurs provinces de troupes et de disposer du sort de la Pologne ; dans ces circonstances imminentes où la justice se tait par force, où la politique est réduite à tolérer, à approuver ce qu'elle ne saurait plus empêcher, dans ces circonstances extrêmes, les cours de Vienne et de Berlin *firent connaître* leur assentiment au partage des provinces de la Pologne. Mais, disons-le encore, le projet en avait été conçu à Saint-Pétersbourg, il datait du règne de Pierre Ier; et toutes les mesures qui en ont signalé l'odieuse exécution sous le règne de Catherine II, ces mesures ordonnées par les ministres et les généraux russes, ne laissent plus de doute sur l'esprit et le système qui décidèrent ce forfait politique.

Les perfidies, les violences, les corruptions que les agens de Catherine II déployèrent à Varsovie formeraient un volume ; nous ne souillerons pas ces pages d'un tel récit : c'est à l'histoire à tout découvrir, à tout dire pour la leçon des gouvernemens et des peuples. D'ailleurs ces époques sont encore fraîches d'horreur ; nous ne présenterons ici que les résultats dont le but de cet écrit exige que nous retracions le souvenir.

Il faut intervertir souvent l'ordre des temps pour bien saisir le caractère politique d'une puissance; les répétitions deviennent inévitables dans un pareil sujet. Si l'on trouve aussi à chaque instant les mots d'usurpations, d'intrigues, de corruption, de barbarie, etc., c'est que nous parlons de l'empire russe : reprenons les faits.

L'impératrice Catherine avait mis en usage tous les ressorts, toutes les séductions politiques pour tromper le cabinet de Berlin et le rendre favorable à ses desseins. Au commencement de l'année 1764, la tzarine et le roi de Prusse avaient conclu une alliance défensive, en vertu de laquelle les deux cours de Berlin et de Saint-Pétersbourg se garantissaient formellement toutes leurs possessions. Un des articles *secrets* de ce traité portait « que les deux cours s'enga-
« geaient d'*empêcher* les puissances étrangères
« et les nobles du royaume de *priver* la répu-
« blique de Pologne de son droit d'*élection*
« *libre*, et de veiller à ce que la monarchie
« *ne devînt pas héréditaire* ;... d'employer *la*
« *force des armes* pour garantir à la république
« sa constitution et ses lois fondamentales. »
Quelques mois auparavant le cabinet de Berlin s'était trouvé dans une circonstance si extraordinaire, qu'elle serait à peine croyable, si toutefois quelque chose pouvait étonner en politique : la Russie avait conçu le projet de placer

la couronne de Pologne dans la maison de Prusse. En montant sur le trône des tzars, Pierre III, qui devait en descendre sitôt, et d'une manière si tragique, s'était empressé de conclure un armistice et de mettre fin à la guerre qui divisait alors la Russie et la Prusse. Fanatique enthousiaste de la réputation militaire de Frédéric II, le monarque russe, avait eu l'idée de former dans le nord une confédération politique, dont le Danemarck, la Russie, la Suède, la Prusse et l'Angleterre devaient être membres, idée renouvelée en 1806 par le cabinet de Saint-Pétersbourg : Pierre III voulait que le Danemarck lui fît la cession *formelle* des duchés de Sleswick et de Holstein, et que la possession *éventuelle* du duché de Mecklembourg fût dévolue à la maison d'Autriche pour la dédommager de la perte de la Silésie. On voit que le cabinet d'un tzar, quelque absurdes que puissent être ses idées politiques, n'oublie pas, ne perd jamais de vue la maxime favorite du cabinet de Saint-Pétersbourg depuis le règne de Pierre Ier, qui enseigna à sa maison le *chemin* de l'Europe. Pierre III avait formé la résolution de placer la couronne de Pologne sur la tête du prince Henri de Prusse, après la mort de Frédéric-Auguste III, d'entrer pour cet effet en Pologne à la tête de cent mille hommes, et de rendre le trône de cette république *héréditaire* dans la maison de Brandebourg. Il est impossible de présumer les conséquences qu'aurait eues pour l'Europe l'exécution d'un semblable projet ; mais, quoique la Pologne y eût trouvé peut-être quelques instans de tranquillité, le territoire polonais n'en eût pas moins été exposé plus tard aux usurpations de l'empire russe.

Dans les diètes de 1764 et de 1766, le cabinet de Saint-Pétersbourg avait redoublé de manœuvres et de séductions ; mais plus ses ministres violaient les droits du trône de Pologne, plus le patriotisme de la nation polonaise semblait acquérir d'activité. Les maisons de Radziwil, de Potoski, de Braniski, firent éclater un amour de la patrie et un courage au-dessus de tout éloge ; elles firent le sacrifice de leur fortune, levèrent des armées, et défendirent jusques à la dernière extrémité l'honneur de la Pologne. Forcés de quitter le royaume, ces illustres citoyens se réfugièrent dans les états du grand-seigneur ; et le cabinet ottoman, meilleur juge de l'honneur qu'on ne le croit communément, s'honora lui-même en accordant à ces proscrits le même traitement dont Charles XII avait joui en Turquie : nous n'ajouterons qu'un mot ; si le prince Radziwil et le comte Braniski eussent cherché un asile en France, ils n'y eussent trouvé qu'une prison !

La cour de Russie accordait une protection signalée aux *dissidens*, c'est-à-dire aux Grecs et aux réformés de la Pologne. Les dissidens avaient obtenu des édits de tolérance vers la fin du seizième siècle, les *pacta conventa* avaient confirmé ces édits : lorsque la couronne eut été placée sur la tête de deux moines, les dissidens, ainsi qu'on l'a dit, furent privés de leurs priviléges, et retenus sous le joug des plus iniques règlemens. Le traité d'Oliva avait bien garanti la liberté du culte et les droits politiques des dissidens, mais les diètes, soumises aux ordres du cabinet de Saint-Pétersbourg, les dépouillèrent encore de ces droits, et les tribunaux reçurent l'injonction de rejeter toutes protestations qui pouvaient tendre à les conserver : on n'a plus besoin de dire que Catherine, armée de toutes ces injustices religieuses et civiles, y trouvait sans cesse des prétextes pour s'immiscer dans les affaires intérieures de la république.

En 1766, cette souveraine avait impérieusement demandé, en faveur des dissidens, le libre exercice du culte, *cette liberté étant de droit divin et intéressant au plus haut degré tous les citoyens*, disait *la législatrice* du nord;

elle intéressait surtout la Russie, dont les dissidens secondaient les vues : ils formaient une faction puissante dans l'état, et la plupart de ses membres étaient connus par un dévouement servile au cabinet de Saint-Pétersbourg. La diète prit cette fois des résolutions dictées par la sagesse, également favorables aux catholiques et aux dissidens ; elles étaient de nature à rétablir la tranquillité de la république; mais il fallait que ces résolutions fussent envoyées à Moscow *pour y recevoir l'approbation de la tzarine !*

Si jusque-là les Polonais s'étaient flattés que Catherine II s'intéressait à leur prospérité et à leur repos, ils ne tardèrent pas à être cruellement désabusés ; cette souveraine fit présenter à la diète les articles les plus insultans pour la souveraineté de l'état ; au nom de la *liberté du culte*, elle exigea l'indépendance politique des sujets ; elle demanda que le *liberum veto*, c'est-à-dire le droit d'anarchie, fût rétabli dans toute sa force; elle signifia *qu'elle ne se relâcherait en rien de ses demandes, et que des armées considérables en soutiendraient l'exécution.* Les cabinets de Copenhague, de Londres et de Stockholm, accédèrent à ces déclarations ; ils s'en rendirent garans, chacun en son propre et privé nom. L'indignation et le désespoir enflammèrent le cœur des Polonais ; les confédérations se formèrent de toutes parts ; il n'y eut plus qu'une patrie, qu'un même sentiment de résistance en Pologne ; la communion grecque, les confessions évangéliques nommèrent des généraux et levèrent des troupes ; les villes de Thorn, de Dantzick et d'Elbing se rangèrent du parti des confédérés ; les catholiques se réunirent aux dissidens, et de tous côtés la nation polonaise courut à ses dernières armes. Toujours rangé du côté de l'honneur et de la liberté, le prince de Radziwil soutint avec énergie les droits de la nation ; dans les grands périls, le citoyen polonais redoublait de courage et de sacrifices en faveur de sa patrie ; l'impératrice de toutes les Russies redoublait de perfidie et de tyrannie : alarmée cependant de la résistance et du caractère que présentait la Pologne entière, cette souveraine jugea qu'il n'y avait plus de temps à perdre, elle se décida à obtenir par la force ce que la justice, les lois, le patriotisme des Polonais ne lui accorderaient jamais : *au nom de la tolérance et de la liberté*, elle fit enlever les évêques de Cracovie et de Kiow, le palatin de Cracovie, le président de Podolie, le waivode de Posnanie, plusieurs nonces, etc. ; la Pologne fut inondée de Cosaques et de

Kalmoucks, le pillage et le massacre s'étendirent sur toutes les provinces, sans distinction d'âge ou de sexe : et comme s'il était nécessaire lorsqu'on opprime, lorsqu'on dévaste, lorsqu'on assassine une nation, de joindre la dérision à la barbarie, la tzarine fit notifier à Varsovie « qu'elle désirait relâcher les pri-« sonniers, ainsi que la république le souhai-« tait de sa *clémence* impériale, mais qu'elle « les gardait néanmoins *pour rendre service à* « *la nation.* » Tibère eût sans doute pensé ainsi; mais Tibère n'eût pas prononcé des paroles aussi positivement cruelles, aussi transparentes de barbarie.... Il faut terminer ces citations, elles montrent l'indécision dont se rendirent coupables les cabinets qui pouvaient empêcher de tels désastres.

Les confédérations naissaient les unes des autres, toutes avec un égal désir de vengeance, mais toutes avec la même faiblesse de moyens pour défendre la patrie. La confédération dite *de Bar*, parce qu'elle se fit remarquer par la prise de ce fort, eût pu néanmoins sauver encore la Pologne, si la cour de France eût accordé aux confédérés les secours qu'ils réclamaient depuis si long-temps. Le royaume de Pologne paraissait abandonné, *livré* par tous les souverains. La Porte ottomane, seule, essaya de secourir les Polonais en opérant une diversion sur leurs frontières. Le divan déclara, en 1768, la guerre à la Russie, et la Russie se vit réduite à retirer de la Vistule une grande partie de ses forces : mais les affaires générales de l'Europe prirent à cette époque une direction si particulière, que les cabinets de Vienne et de Berlin se trouvèrent entraînés dans les projets de la Russie. Le premier démembrement de la Pologne fut donc arrêté, et le cabinet de Saint-Pétersbourg s'arrogea pour sa part la Livonie polonaise, toute la partie orientale de la Dwina, et la totalité du territoire situé dans ce qu'il appelle la Russie Blanche, c'est-à-dire la Lithuanie et les districts entre la Bérézina et le Dnieper.

C'est le moment de rappeler que Pierre Ier avait fait tous ses efforts pour obtenir une certaine influence dans les affaires du corps germanique ; n'ayant pu réussir dans ce dessein, grâce à la sage politique du cabinet de Louis XIV, politique dont le *régent* ne s'écarta pas à cet égard, Pierre Ier fit, pour le mariage de ses enfans, des dispositions telles, que l'empereur Pierre III eut la facilité de réunir à la couronne de Russie les duchés de Sleswick et de Holstein. Depuis un siècle, le cabinet de Saint-Pétersbourg n'a cessé de manifester ses projets d'invasions au midi, au nord et au centre de l'Europe ; c'est ainsi que l'impératrice Elisabeth ayant conclu, en 1755, une alliance offensive et défensive avec les cours de Vienne et de Dresde, Frédéric II se trouva dans la nécessité d'entrer l'année suivante en Saxe, à la tête d'une armée formidable, pour y déconcerter les projets du cabinet de Saint-Pétersbourg, qui prétendait dicter des lois à l'Allemagne. L'Europe fut alors redevable au cabinet de Berlin de la résistance qu'éprouvèrent les troupes russes lorsqu'elles voulurent pénétrer dans le cœur de l'empire germanique : il fallut tous les efforts, tous les talens militaires de Frédéric II, pour que la monarchie prussienne ne succombât pas dans cette guerre, appelée la guerre de sept ans, sous la confédération *provoquée par le cabinet de Saint-Pétersbourg*. Il est juste en même temps d'observer que depuis l'avénement de Catherine II au trône de Russie, la Porte ottomane a suivi, sans nulle déviation, une conduite aussi noble que politique relativement aux affaires de Pologne ; disons encore que, dans la guerre de 1769, le grand-seigneur, en sa qualité d'allié de la Pologne, fit remettre à toutes les cours un manifeste, par lequel « il reconnaissait « pour ennemi le roi Stanislas-Auguste III, que

« favorisait la tzarine, s'engageant à secourir
« les confédérés, promettant de faire tous ses
« efforts pour rendre la liberté à la Pologne
« et en chasser les Russes. »

Pour avoir une idée du machiavélisme du cabinet de Saint-Pétersbourg, de l'accroissement d'influence que le premier démembrement de la Pologne procura à ce cabinet, et de l'importance qu'il attachait à intervenir dans les affaires de l'Allemagne, nous rapporterons quelques passages de la déclaration que Catherine II fit faire, au sujet de l'invasion de la Bavière, à Marie-Thérèse et à Joseph II, en 1778. « Intéressée à la tranquillité
« de l'Allemagne, ... la cour de Russie ne
« pouvait souffrir que les infractions de la cour
« de Vienne exposassent tout l'Empire à un
« péril évident ; la chute de cet empire cau-
« serait nécessairement une commotion vio-
« lente à tous les états de l'Allemagne, un
« dérangement de l'ordre et de l'équilibre de
« toute l'Europe, et peut-être même, dans la
« suite des temps, un grand danger pour l'em-
« pire de Russie.... En conséquence, l'im-
« pératrice de Russie invitait l'impératrice-
« reine et l'empereur à s'arranger à l'amiable
« et selon les lois et les constitutions de l'Em-
« pire ; et, dans le cas contraire, elle déclarait

« que les troupes russes se joindraient aux
« troupes prussiennes pour maintenir les droits
« de la Bavière, etc. » Le prince Repnin était
prêt à marcher à la tête de quarante mille
hommes. Et c'était la souveraine qui venait
de démembrer la Pologne et de renverser le
système politique de l'Europe qui, s'exprimait
avec une si vive sollicitude pour le corps germanique !

Veut-on un autre exemple de l'insatiable
ambition et de l'adroite politique du cabinet
de Saint-Pétersbourg? on le trouve dans ses
négociations avec le Danemarck. Ce cabinet,
craignant, en 1773, une rupture avec la Suède,
voulut se ménager contre elle un allié et un
point d'appui dans le Danemarck ; l'Europe
vit le grand-duc de Russie renoncer à ses droits
de patrimoine dans le Holstein, et la cour
de Copenhague offrir, en dedommagement d'un
si riche territoire, le misérable comté d'Oldembourg
et la ville de Delmenhorst. Le
traité fut signé à Kiel en novembre 1773.
Cette disposition, d'une importance majeure
pour le Danemarck, était conforme au système
politique de l'Europe, aux intérêts des
puissances continentales ; mais il leur était
essentiellement contraire que le grand-duc de
Russie jouît de la faculté de transmettre le du-

ché d'Oldembourg à son cousin le duc de Holstein-Eutin, prince-évêque de Lubeck; l'Angleterre intervint, et garantit le traité et la post-cession, afin que le cabinet de Saint-Pétersbourg pût attaquer l'empire turc, sans avoir rien à craindre de la Suède dans le golfe de Finlande; *l'article secret* du traité de Kiel explique l'excessive condescendance de la Russie envers le Danemarck, ainsi que la garantie; il porte « que le Danemarck enverra « *dans la Méditerranée* une escadre qui se « joindra à la flotte russe, et que la cour de « Copenhague opérera dans la Baltique la « jonction d'une seconde escadre avec les forces « navales de la Russie *contre la Suède*. »

On voit à quel point, dès le premier démembrement de la Pologne, la cour de Russie était parvenue à étendre de toutes parts son influence et ses usurpations. Relativement à la Pologne, le cabinet de Saint-Pétersbourg ne prit pas même la peine de déguiser ses projets ultérieurs; il ne garda plus aucune mesure, il déploya sans contrainte le plus horrible despotisme à Varsovie; les envoyés de Catherine ordonnèrent des *confédérations*, intimèrent ses volontés à la diète générale, et firent dépendre *la légalité* de ses décrets de *la sanction* de leur souveraine : les diètes voulurent hasarder quelques règlemens d'administration ; elles promulguèrent même plusieurs lois remplies de sagesse ; le cabinet de Saint-Pétersbourg les fit abroger, ou en empêcha l'exécution à force ouverte. Les meilleures lois, les règlemens les plus sages eussent été d'ailleurs insuffisans, le *liberum veto* subsistait toujours ; les diètes et les diétines étaient par conséquent à la disposition des agens de la Russie. La gangrène et la mort étaient dans le cœur de l'état.

Toutes les constitutions que la Pologne a essayé de se donner, depuis l'année 1764 jusqu'à l'époque de l'anéantissement du royaume, ressemblent à ces décrets de l'assemblée constituante et de la convention nationale de France, qui ordonnaient *que la tranquillité et l'ordre seraient rétablis*, tandis que les causes et les moyens d'insurrection se multipliaient au gré des novateurs : Catherine était à elle seule, en Pologne, la convention nationale de France.

On ne parlera pas des divers événemens politiques et militaires, des exécutions, des atrocités innombrables qui précédèrent le démembrement *définitif* de la Pologne : mais si l'histoire a déjà flétri les noms des Repnin, des Sivers, des Romanoff, des Sowaroff, etc., de ces conseillers, de ces ministres qui consommèrent une iniquité si grande, l'histoire conservera avec un saint respect les noms à jamais glorieux des Radziwil, des Potoski, des Krasinski, des Braniski, des Cosciusko, des Viélopeska, etc., etc., de ces Polonais de tout âge, de tout sexe qui combattirent jusqu'à la dernière heure pour la liberté de leur pays, qui n'abandonnèrent cette patrie mourante et désespérée que pour lui chercher des vengeurs par tout l'univers, qui repoussèrent avec un noble mépris les dignités, les grâces et les honneurs empoisonnés de la Russie, et qui méritèrent ainsi à la Pologne la protection dont l'empereur des Français vient de couvrir ses nouvelles destinées.

Après toutes les oppressions, les outrages, les barbaries que peut essuyer une nation, la Pologne fut définitivement partagée en 1795 ; elle cessa d'exister. La Russie s'adjugea la Courlande en toute souveraineté, la Podolie, la Wolhinie, la Polésie, le reste de la Lithuanie. C'était, dans le partage des provinces polonaises qui avaient survécu aux deux premiers démembremens, la portion la plus étendue en territoire et la mieux peuplée ; c'était celle qui ouvrait le chemin de Constantinople au cabinet de Saint-Pétersbourg ;

et, en dernière analyse, ce cabinet avait augmenté d'environ sept millions d'âmes la population de l'empire russe.

Dès l'instant où le royaume de Pologne eut disparu, la France se trouva *exclue* du système politique, et tout équilibre de puissance fut brisé en Europe. La Suède se vit totalement séparée du continent; cette monarchie fut à la merci des volontés de la Russie et de l'Angleterre; le Danemarck fut obligé de plier sous l'influence du cabinet de Saint-Pétersbourg. L'empire russe, placé au centre de l'Europe, devint partie principale dans tous les intérêts continentaux, dans toutes les transactions diplomatiques, et la Turquie fut réduite à la nécessité d'obéir à toutes les conditions qu'il plut à la cour de Russie de dicter dans la mer Noire et aux bouches du Danube. Le démembrement des provinces ottomanes, entamé dès les premières années du règne de Catherine II, se continua sans formes et sans raisons, et la Grande-Bretagne, dont les malheurs de la France et de l'Europe resserraient de jour en jour l'alliance avec la Russie, seconda sans pudeur les usurpations continentales du cabinet de Saint-Pétersbourg, afin de s'emparer elle-même de la navigation et du commerce de tous les peuples.

Le ministère britannique provoqua l'armement général des souverains contre la monarchie française ; il fomenta dans le sein de cette monarchie tous les germes d'innovations et de révoltes que l'irréligion, la liberté de la presse, les fausses démarches des ministres et les erreurs de la cour de France avaient également contribué à répandre dans les diverses classes de l'état. On vit en Europe l'anarchie royale et l'anarchie populaire tendre toutes les deux au même but, et menacer, de concert, les trônes et les peuples d'une subversion générale. Il n'y eut plus de garantie pour les états, de sûreté pour les sujets, de fidélité dans les alliances, d'honneur dans les stipulations diplomatiques, de bonne foi dans les rapports des gouvernemens. Toutes les barrières politiques, toutes les institutions sociales furent renversées ; les transactions qui protégeaient réciproquement les nations de l'occident furent abrogées, les lois civiles les plus saintes furent anéanties, et l'humanité elle-même perdit ses droits dans ce délire de toutes les ambitions royales et de toutes les fureurs populaires. La loi du plus fort fut proclamée contre les états faibles, et le brigandage eut son code et ses formes de droit, dans la législation des peuples comme dans le cabinet des monarques. L'avidité, l'audace, la frénésie de l'ambition et de la haine, furent si exaltées, que l'Angleterre et la Russie crurent qu'il leur serait permis de démembrer la France comme la Pologne..... Et sans doute c'en était fait, il y a quelques années, de la monarchie française, de l'Europe civilisée et de l'ordre social tout entier, si la Providence n'eût investi de sa sagesse et de sa toute-puissance le monarque auquel il a été donné de *détrôner l'anarchie* (ainsi que l'a dit le plus éloquent écrivain de notre siècle), de prévaloir sur toutes les factions et de décider des destinées du monde.

L'on a vu de quelles calamités européennes le démembrement de la Pologne fut accompagné et suivi jusqu'à ce jour. Cet attentat peut être considéré en effet comme l'une des grandes causes de la révolution française, par l'impunité qui sembla dès-lors promise à tous les bouleversemens politiques; il est la cause première des guerres que l'Europe subit depuis vingt années entières. Nous ne manquerions pas de preuves à l'appui de cette opinion; nous multiplierions ici les faits qui la confirment, si le premier devoir de tout homme ami de sa patrie, de tout écrivain fidèle à son gouvernement, n'était pas d'ensevelir dans l'oubli les fautes royales et les fureurs démagogiques qui ont ébranlé tous les fondemens de l'Europe : l'histoire qui juge inexorablement les rois et les peuples, les hommes et les choses, l'histoire ne parlera que trop de ces erreurs et de ces crimes ; puissent-ils être du moins une leçon salutaire pour nos enfans ! puissent les inconcevables malheurs de leurs pères les préserver des dangers que l'irréligion, l'esprit d'audace et d'innovation, les fausses doctrines des philosophes, les erreurs inexcusables de l'autorité, avaient accumulés en France et en Europe ! Bornons-nous à dire, parce que notre sujet le demande, que l'avilissement où l'autorité royale fut plongée dans les trente dernières années de la monarchie des Bourbons dépendit en partie de l'insouciance et des fautes politiques du cabinet de Versailles. Les sujets d'un monarque cessent de le respecter, lorsque les nations étrangères peuvent insulter impunément à l'honneur de la nation ; de couronne à couronne, le ministre des relations extérieures est aussi un ministre de la police et de la tranquillité générales : il ne faut pas craindre de le dire, le sceptre s'allonge ou se raccourcit dans la main des monarques, selon les qualités personnelles ; la *royauté* n'est pas dans le trône, elle est dans la tête et dans le bras du souverain. Si, dans de certaines circonstances, la faiblesse personnelle du monarque vient se joindre à la déconsidération politique de l'état, si tout est lâcheté ou erreur au-dehors et au-dedans de l'empire, le mal est alors sans remède, la monarchie et le monarque tombent, ils périssent, et l'anarchie règne sur ces débris ensanglantés. Un grand homme seul peut alors relever l'empire; mais, après avoir tout sauvé, il est obligé de réparer tout au-dedans, et de reconstruire tout au-dehors de l'état.

Ce fut la destruction du royaume de Pologne, on ne saurait trop le répéter, qui mit à découvert le système, la politique, les vices, la faiblesse et la cupidité des divers gouvernemens de l'Europe, tant ce royaume apportait de garanties dans le système de la puissance européenne!

Par sa situation, par sa consistance territoriale, la Pologne peut contenir le nord et l'orient dans les limites qu'ils tendent sans cesse à transgresser; car les peuples de cette partie du globe semblent obéir à cette loi de mouvement qui gouverne toutes les révolutions physiques. La Pologne est interposée, sur les frontières de l'Europe et de l'Asie, pour protéger la civilisation contre la barbarie; un roi de Pologne est protecteur-né des nations de l'occident, contre les inondations de cette Tartarie dont on connaît à peine les bornes, et qui semble destinée, jusqu'à la fin des siècles, à être l'inépuisable pépinière des hordes conquérantes.

Il importe à tous les gouvernemens que le royaume de Pologne jouisse d'une force et d'une influence proportionnées à l'étendue des devoirs politiques auxquels cette puissance est destinée. D'après des considérations d'un ordre aussi supérieur, ce royaume devait solliciter, les victoires à la main, la restitution de toutes les provinces que la Russie en avait démembrées : l'acte de déclaration de la confédération générale de Wilna, cet acte empreint d'un patriotisme et d'une sagesse également remarquables, doit donc être envisagé par tous les cabinets de l'Europe comme la plus forte et la plus honorable garantie que puisse avoir désormais leur système politique. Mais la Pologne n'a point et ne saurait guère avoir de places fortes ; la disposition, l'étendue de ses frontières sont telles, que ce royaume veut être principalement défendu par le courage de ses habitans. Aujourd'hui la Krimée est sous la domination russe ; cette presqu'île détache absolument la Tartarie de la Turquie, et rend l'empire russe maître absolu de la mer Noire ; aujourd'hui la Moldavie, la Valachie, la Bessarabie, provinces si essentielles à la sûreté de l'empire ottoman, à l'indépendance politique de la Pologne, sont sous l'influence immédiate du cabinet de Saint-Pétersbourg : il a un pied dans la Pologne méridionale, et la Pologne proprement dite se trouve enfermée de toutes parts. Il en résulte clairement que l'indépendance de la Pologne, considérée comme grande puissance, serait compromise, si la Krimée et la Courlande demeuraient sous la domination russe, si la Moldavie et la Valachie n'étaient point rendues de *fait* à la suzeraineté de la Porte ottomane. La nature a placé dans ces provinces une barrière également nécessaire à la Turquie et à la Pologne ; celle-ci serait elle-même mal défendue contre celle-là, si le royaume se trouvait privé du palatinat de Bracklaw ; la ville de ce nom, située sur le Bug, couvre la basse Podolie ; et Kaminieck, cité qui, dans les jours malheureux de la Pologne, fut consolée et illustrée par l'héroïque dévouement de son évêque Krasinski, Kaminieck peut seul assurer à ce royaume la domination du Dniester : cette dernière place servit long-temps de boulevard à la Pologne contre la Hongrie et contre la Porte ottomane ; mais la Russie l'occupa définitivement en 1793, et c'est de ce point qu'elle menace et l'empire ottoman et les provinces de Pologne échues à la maison d'Autriche. Tous les intérêts semblent donc se réunir pour faire désirer que le royaume de Pologne recouvre les deux Podolies, et que la Wolhinie lui soit également rendue, afin de séparer la Russie de la Turquie.

L'intérêt de l'empire français veut le rétablissement de la Pologne ; peut-être l'honneur de la France y est également intéressé. Si le démembrement de la Pologne fut le signe de la décadence de la monarchie française, que son rétablissement prouve la prospérité où l'empereur Napoléon a élevé la France. La Pologne opprimée a tourné les yeux, durant presque trois siècles, vers la France, cette nation grande et généreuse. Mais ses destinées ont réservé ce dénoûment au chef de la quatrième dynastie, à Napoléon-le-Grand, devant qui la politique de trois siècles a été l'ouvrage d'un moment, et l'espace du nord au midi ne fut qu'un point.... — Ce n'est pas nous qui venons de parler avec cette énergie, cette éloquence du patriotisme ; ces paroles, la Pologne entière vient de les prononcer par l'organe du président de la confédération générale, et la noble prière d'une grande nation au plus grand des monarques a été exaucée ; les Polonais ont recouvré leur patrie, à la voix de l'empereur Napoléon ! La Pologne est sortie de son tombeau, brillante de l'estime, invincible de la protection d'un monarque suscité par les destins pour réparer toutes les fautes et tous les malheurs de l'Europe ; monarque dont on peut dire, sans flatterie, comme le dira la postérité, qu'il fut plus invincible que César et meilleur que Trajan. Puisse l'histoire, pour l'éternelle prospérité de l'empire français, ajouter que le nombre et le bonheur de ses jours l'ont emporté sur ceux d'Auguste, autant que la gloire de l'empereur de France l'emporte sur la renommée de l'empereur romain ! Puisse le dieu des victoires, le dieu de la paix, lui donner une aussi longue vie que le souhaite l'empire ! et puissent encore ses successeurs se perpétuer aussi long-temps que le souvenir de sa gloire ! Napoléon a dit : « Que la Lithuanie, la Samogitie, Witepski, Polotsk, Mohilow, la Wolhinie, l'Ukraine, la Podolie, soient animées du même esprit que j'ai vu dans la grande Pologne, et la Providence couronnera par le succès la sainteté de votre cause. » Osons encore emprunter quelques-unes de ces paroles qui dureront autant que le monde ! « Aussitôt que la victoire

« m'a permis de restituer vos anciennes lois
« à votre capitale et à une partie de vos pro-
« vinces, je l'ai fait avec empressement, sans
« toutefois prolonger une guerre qui eût fait
« couler encore le sang de mes sujets..... Je
« dois ajouter ici que j'ai garanti à l'empereur
« d'Autriche l'intégrité de ses états, et que je
« ne saurais autoriser aucune manœuvre, ni
« aucun mouvement qui tendrait à le troubler
« dans la paisible possession de ce qui lui reste
« des provinces polonaises. » La sagesse, la
grandeur et la politique se sont rarement exprimées avec une aussi noble franchise ; ces
paroles ont fixé les destinées du nord de l'Europe, en rendant à la Pologne son territoire
et son existence politique ; elles ont assuré la
paix du continent, en resserrant les liens qui
unissent l'empire français à l'empire d'Autriche.
Intéressés à préserver les frontières européennes des invasions de la Russie, ces deux grands
états trouvent, dans la restauration du trône
de Pologne, une garantie de sûreté pour leur
territoire et celui de leurs alliés, une garantie
d'indépendance pour leur système fédératif ;
la France et l'Autriche ont toutes deux les
plus puissans motifs pour faire triompher la
cause des Polonais. La puissance russe pèse de
toute sa force sur les frontières orientales et

méridionales de l'empire d'Autriche ; et un tel poids peut un jour compromettre l'existence des états héréditaires ; aussi, de tous les cabinets de l'Europe, celui de Vienne est le plus immédiatement intéressé à assurer la restauration de la Pologne, et à maintenir l'intégrité et l'indépendance de l'empire ottoman.

L'alliance de l'empire français et de l'empire d'Autriche garantit la paix de l'Europe et la prospérité des états du continent. Tout entier à une politique franche et libérale, le cabinet de Vienne resserre aujourd'hui en Pologne ces nœuds sacrés qui ont uni de la même gloire les deux maisons souveraines les plus illustres de l'univers, assuré un égal bonheur à leurs sujets et donné les mêmes intérêts à leurs états : la politique des conseils de France et d'Autriche est pleine de sincérité, de grandeur, de pacification ; et la cour de Vienne, jalouse de concourir à la libération de l'Europe, acquiert de nouveaux droits à la reconnaissance des peuples ; comme la France, l'Autriche veut que le royaume de Pologne jouisse d'une grande influence dans le nord, et forme sur la mer Noire une barrière dont les souverains de la Moscovie ne puissent approcher à l'avenir.

Malgré la possession de l'Ukraine, de Smo-

-lensko, de Kiow, de la Sévérie, etc., le royaume de Pologne aurait à craindre pour son indépendance, si le cabinet de Saint-Pétersbourg conservait sur la mer Noire les provinces démembrées de l'empire ottoman et réunies à l'empire russe. *L'intégrité* de la Turquie importe, d'une manière principale, à la tranquillité des nations de l'occident; tous les intérêts continentaux et maritimes exigent que la Turquie soit raffermie sur ses fondemens, et recouvre la plénitude d'influence politique dont le cabinet de Saint-Pétersbourg a dépouillé le divan depuis le règne de Catherine II; on en sera convaincu, si l'on veut faire attention à la connexité d'intérêts et d'usurpations qui forme l'alliance anglo-russe, au système d'hostilités suivi depuis un siècle par les deux cabinets d'Angleterre et de Russie.

Nous nous sommes efforcé de prouver que, dans la situation où se trouvent les affaires générales de l'Europe, la paix du continent et la liberté des mers étaient attachées à la restauration du royaume de Pologne, puisque l'Angleterre et la Russie trouvaient réciproquement dans le nord de l'Allemagne, les moyens de perpétuer les hostilités; mais l'intégrité de l'empire ottoman est une conséquence du rétablissement de la Pologne. Ce sont les deux parties d'un même système de pacification et de force ; il serait incomplet, il n'aurait point de stabilité, si l'une de ces parties manquait à l'autre : car la Russie n'est pas moins redoutable pour l'Europe sur la mer Noire que sur la mer Baltique ; la Russie est, dans l'orient, l'alliée fidèle de la Grande-Bretagne, et ce sont les continuelles hostilités de l'Angleterre qui forcent l'empereur Napoléon de porter aujourd'hui ses armes jusque dans le centre de la Moscovie.

On a vu l'esprit d'envahissement dont le cabinet de Saint-Pétersbourg a été animé depuis un demi-siècle, et l'influence que les partages et la dissolution de la Pologne avaient donnée à la Russie, en Allemagne et dans le nord ; le même esprit d'intrigues et d'usurpations a dirigé le système et la conduite politiques du cabinet de Saint-Pétersbourg, au midi et sur les frontières orientales de l'Europe ; nous croyons nécessaire, pour le démontrer, de jeter un coup-d'œil sur les manœuvres de la Russie contre la Porte ottomane : nous allons envisager l'empire turc comme puissance européenne, et sous les rapports qui intéressent la paix publique et la liberté des mers.

§. III.

Considérations sur le système politique du cabinet de Saint-Pétersbourg relativement à la Turquie, et relativement au traité de Tilsitt, qui assurait l'intégrité de l'empire ottoman.

Les alliances de la Turquie et de la France remontent à trois siècles; dans ce long espace de temps, l'on aurait de la peine à trouver une infidélité marquée de l'une de ces puissances à l'égard de l'autre : le cabinet de France a désiré, il a constamment voulu la conservation, la prospérité de l'empire ottoman.

Depuis François Ier jusques au ministère de M. le duc de Choiseul, il était posé en principe fondamental dans le cabinet français, que la puissance ottomane importait essentiellement à l'équilibre de l'Europe; ce fut aussi le système du célèbre Oxenstiern et des conseils de Stockholm; les ministres de Suède avaient prévu, comme les ministres de France, les dangers dont l'agrandissement de l'empire russe menaçait l'Europe.

Le traité de Carlowitz avait assuré de grands

avantages à Pierre Ier aux dépens de la puissance ottomane ; mais la Suède avait arrêté les conquêtes de la Russie sur les frontières turques ; et si la guerre *de la succession* n'eût obligé Louis XIV de diriger une grande partie de ses forces vers le midi de l'Europe, la Suède eût réussi, selon toutes les apparences, à détruire la nouvelle ville de Saint-Pétersbourg et à rejeter les Russes en Moscovie; ils furent contraints, par les traités de Pruth et de Constantinople, de restituer Azoph à la Porte ottomane, de démolir les forts élevés sur la rivière de Samar, de reconnaître l'indépendance des Cosaques et des Tartares, et de retirer les troupes qu'ils tenaient en Pologne : le tzar Pierre Ier se vit même forcé par ces traités de déclarer qu'il ne s'immiscerait plus à l'avenir dans les affaires intérieures de la république de Pologne. En défendant ses intérêts personnels, l'empire ottoman avait combattu, il avait stipulé pour les intérêts de l'Europe ; l'empire russe était affaibli, humilié ; la Suède et la Turquie le menaçaient sur toute l'étendue de ses frontières : les trois cabinets de Versailles, de Stockholm et de Constantinople, répondaient à la Pologne de son indépendance, et garantissaient ainsi le système politique et la paix de l'Europe.

Mais le malheureux règne de Charles XII réduisit la Suède dans un état déplorable, et le cabinet de Saint-Pétersbourg se trouva libre de suivre ses usurpations en Pologne. Ce fut en Pologne qu'il prit cet ascendant, qu'il puisa ces formidables ressources avec lesquelles il a depuis effectué le démembrement des provinces turques. Pierre Ier avait conçu ce vaste plan de conquêtes; on voit cet empereur apporter, pendant trente ans, tous ses soins et faire de grands efforts pour pénétrer en Europe par le nord et par l'orient : ses opérations militaires furent constamment dirigées vers ce double but; il combattit les Suédois et les Polonais pour conquérir sur la mer Baltique les provinces qui devaient lui ouvrir l'Europe par l'Allemagne; il combattit les Polonais et les Turcs pour conquérir sur la mer Noire les provinces qui devaient lui ouvrir l'Europe par le Danube et par l'Archipel de la Grèce : Pierre Ier ne perdit pas un moment de vue le démembrement des trois monarchies; il les entama toutes trois, et Catherine II, à peine affermie sur le trône, plaça toute sa gloire dans l'exécution des ambitieux projets de Pierre. L'on a parlé des manœuvres, on a fait connaître les ressorts employés par cette souveraine pour diviser et asservir la Pologne; elle n'usa pas de moins d'adresse, elle ne commit pas moins de violences pour démembrer l'empire ottoman ; dès 1769 elle commença ses grandes hostilités contre les Turcs.

La Turquie arrêtait de toutes parts l'empire russe au midi. Frontière de la Pologne et de la Russie sur une ligne d'environ six cents lieues, l'empire ottoman ne pouvait être sérieusement menacé par le cabinet de Saint-Pétersbourg que dans le cas où celui-ci n'aurait lui-même rien à craindre du côté de la Pologne ; mais déjà l'impératrice Catherine II avait réussi à dicter ses lois à Varsovie ; ce malheureux royaume lui fournit toutes les facilités dont elle eut besoin pour porter ses armes au-delà du Dnieper et du Dniester pour pousser ses usurpations en Krimée, sur les bords du Danube et jusque sous les murs de Constantinople. Nous ne parlerons des guerres, des campagnes successives de la Russie contre la Porte ottomane, depuis 1770 jusqu'à ce jour, que pour remarquer que les succès furent toujours définitivement en faveur de l'empire russe ; il sacrifiait ses trésors, il faisait de grandes pertes d'hommes ; mais, à la fin de chaque campagne, le cabinet de Saint-Pétersbourg, toujours maître des événemens et des négociations, exigeait les conditions les plus onéreuses pour la

Turquie, et s'avançait, province par province, vers la capitale de l'empire : le divan était insulté, dépouillé, soit en paix, soit en guerre, depuis la mer Adriatique jusqu'aux frontières de la Perse, et de la Krimée en Egypte ; il n'échappait à sa ruine, il ne conservait le Bosphore sous sa domination nominale, qu'en faisant à chaque traité de paix le sacrifice d'une province et d'une partie de la population grecque de l'empire. La cour de Saint-Pétersbourg poursuivait sans obstacles le cours de ses usurpations en Pologne et en Turquie, et les démembremens de ces deux états étaient menés de front. On vit l'impératrice de Russie mettre en mer toutes ses forces navales, et les escadres russes tourner l'Europe pour aller exciter les révoltes dans les provinces d'un grand empire, pour infester le commerce de toutes les nations dans la Méditerranée. Le cabinet de Versailles, placé, depuis la paix de 1763 jusqu'à celle de 1783, dans une situation ou malheureuse, ou difficile, était dans l'impuissance de secourir la Porte ottomane. Bientôt la monarchie française, abandonnée à de nouvelles doctrines, livrée au mépris des anciennes institutions et à ce libertinage présomptueux d'esprit philosophique qui ont caractérisé le dernier siècle, la monarchie française fut arrachée de ses fondemens. Dans des conjonctures aussi propices à l'ambition de la Russie que le furent celles où la révolution de France vint placer successivement tous les cabinets de l'Europe, l'empire russe put donc se croire le maître de disposer du sort de l'empire ottoman. Aujourd'hui cet empire est à demi renversé; il n'existe plus que nominalement en quelque sorte; et la Turquie serait déjà effacée du nombre des puissances, si les victoires de l'empereur Napoléon et les généreuses dispositions de son cabinet n'eussent prolongé jusqu'à cet instant la faible résistance de l'empire ottoman, en plaçant la Russie dans la nécessité de défendre avec la plus grande partie de ses forces les provinces qu'elle avait usurpées en Pologne.

On se rappelle naturellement ici le rapport présenté par S. A. S. le prince de Bénévent, à l'époque de la première guerre de Pologne, et l'échec essuyé par le pavillon britannique au mois de février 1807. L'empereur Napoléon, maître de Varsovie, ordonna à son ministre plénipotentiaire près la Porte ottomane d'animer le divan *de son esprit :* l'empire ottoman *reparût* en Europe à la voix de l'empereur des Français; il adopta de généreuses résolutions, et confondit l'Angleterre et la Russie qui se partageaient déjà ses magnifiques dépouilles. Le nom seul de l'empereur Napoléon sauva pour lors la Turquie *en Pologne ;* ce monarque, qui conçoit avec une infaillible sagesse, qui agit avec une puissance irrésistible, qui juge les temps et les choses, et ne laisse rien au hasard de ce que la prudence et la force peuvent lui ôter, l'empereur Napoléon annonçait dès-lors à l'empire turc que sa restauration aurait lieu lorsque l'époque marquée pour sa délivrance serait consommée : les temps sont arrivés, les hordes russes évacuent aujourd'hui le territoire ottoman, et précipitent leur fuite des provinces du Danube pour aller couvrir l'ancienne capitale des tzars.

Le rapport de M. le prince de Bénévent, 15 novembre 1806, laissait entrevoir ces résultats; ce document officiel est empreint de la dignité, de la force qui annoncent le ministre du premier monarque du monde; il dit : « Le re-
« pos du globe est attaché à la restitution des
« colonies françaises, à l'établissement d'un
« code maritime qui consacre et garantisse les
« droits de toutes les nations sur les mers, et à
« l'indépendance de l'empire ottoman. » Dans ce rapport, l'Angleterre et la Russie sont toujours alliées, toujours armées contre la paix de l'Europe et contre la liberté des mers; mais

ce rapport indique aussi les moyens de forcer ces puissances à reconnaître le nouveau droit public de l'Europe et à consentir par conséquent à la paix générale. Il était impossible de présenter des vues aussi profondes avec une précision plus lumineuse que ne le fit, dans cette grande circonstance, le ministre de l'empereur Napoléon; le cabinet de France établit avec une justice, une philosophie, une raison politique également remarquables, le droit qu'avait l'empire français de prendre les extrêmes mesures que commandait le salut de l'Europe; ce cabinet fixa, dans le meilleur sens possible, le droit de guerre sur terre et sur mer; il offrit à tous les états un protecteur de leur souveraineté et de leurs droits, toujours armé pour les défendre contre la tyrannie maritime de l'Angleterre et les usurpations continentales de la Russie; il justifia d'une manière prophétique cette foule de victoires que les armées françaises sont maintenant obligées de remporter sur le Wolga et sur la Néwa, pour assurer la restauration de la Pologne et l'intégrité de l'empire ottoman.

Mais combien les paroles du souverain viennent ajouter de grandeur à de si hautes, à de si salutaires conceptions! ici le génie dit lui-même ce qu'il médite, ce qu'il ordonne. Dans les communications données par l'empereur Napoléon au sénat, le 21 novembre 1806, S. M. fit entendre ces paroles : « L'Allemagne, « la Prusse, la Pologne ne seront point éva- « cuées avant que la paix générale ne soit con- « clue, que les colonies espagnoles, hollan- « daises et françaises ne soient rendues, que « les fondemens de la puissance ottomane ne « soient raffermis, et l'indépendance *absolue* « de ce vaste empire, *premier intérêt de notre* « *peuple*, irrévocablement consacrée. » Cette auguste déclaration est un code politique dont la sagesse et la profondeur ne laissent rien à désirer pour la paix et la prospérité de l'Europe, l'honneur des couronnes, les intérêts des peuples, l'indépendance des mers. Le décret qui déclare les îles britanniques en état de blocus est dans un rapport intime avec cette déclaration; l'un et l'autre se fortifient mutuellement; tous deux prouvent que l'empire français est obligé d'exercer la plénitude de son influence continentale, afin que les puissances maritimes, que les puissances neutres recouvrent leurs prérogatives nationales et leurs droits commerciaux. L'empire français est aujourd'hui dans une situation qui ne lui permet de renoncer à aucun de ses avantages militaires, à aucun de ses avantages fédératifs;

ils peuvent seuls amener la paix du continent et la liberté des mers. Sous ces rapports fondamentaux, les conquêtes des armées françaises sur le territoire polonais, sur le territoire moscovite ; ces conquêtes, dont on ne trouve point d'exemple dans les histoires, deviennent pour l'Europe autant de gages de sa tranquillité future, autant d'otages de son indépendance maritime et commerciale.

Et cependant l'empereur Napoléon, loin de précipiter ces grands résultats par la continuation d'une guerre dont l'issue ne pouvait être douteuse pour ses invincibles légions, l'empereur Napoléon ne voulait devoir qu'à la paix et à de nobles transactions le système fédératif et les libertés de l'Europe ! Ce souverain a évité les conquêtes, et, posant lui-même les armes au moment où il lui suffisait de poursuivre ses marches militaires pour terrasser l'empire russe, il a multiplié les sacrifices, afin d'obtenir, par la générosité seule, cette paix continentale qui devait entraîner l'Angleterre à toutes les restitutions commandées par l'honneur et les intérêts des nations. Il faut répéter ces sublimes paroles : « Aus-
« sitôt que la victoire m'a permis de restituer
« vos anciennes lois à votre capitale et à une
« partie de vos provinces, je l'ai fait avec
« empressement, *sans toutefois prolonger une*

« *guerre qui eût fait couler encore le sang de*
« *mes peuples ;* » telles sont les paroles adressées par l'empereur des Français à la députation de la confédération générale de Wilna !
et certes l'on ne saurait méconnaître dans ce langage la modération et la grandeur qui caractérisent la conduite politique du cabinet impérial de France ! Parvenu, de victoires en victoires, jusques aux rives du Niémen, l'empereur Napoléon avait offert la paix à la Russie au moment où l'empereur Alexandre, tant de fois vaincu, était obligé de fuir au-delà du Niémen et se trouvait sans alliés, sans généraux, et pour ainsi dire sans armée régulière. L'héritier de Catherine II avait invoqué la magnanimité de l'empereur Napoléon, et l'empire russe avait reconquis aussitôt toute sa prépondérance dans le nord et à l'orient de l'Europe; les armées russes n'avaient plus rencontré d'ennemis sur les rives de la Vistule, sur les rives du Danube; le cabinet de Saint-Pétersbourg avait acquis une sorte de gloire; il avait reçu une augmentation de territoire et d'influence politique dans des conjonctures où tout lui présageait une décadence, une ruine certaines ! L'empereur Napoléon avait cru, l'univers pouvait donc espérer qu'un rapprochement aussi solennel, aussi formi-

dable que celui dont les deux plus grands empires de la terre donnaient l'exemple aux conférences de Tilsitt, produirait une indissoluble alliance entre les deux états, et assurerait enfin la paix du continent. Mais il fallait que le cabinet de Saint-Pétersbourg fût aussi sincère dans ses nouvelles transactions qu'il s'était montré jusqu'alors fidèle à son esprit d'envahissement et de conquêtes ; et la Russie avait à peine signé le traité de Tilsitt, qu'elle en violait tous les articles.

Le cabinet de Saint-Pétersbourg avait pris l'engagement de retirer ses troupes des provinces de Valachie et de Moldavie; il n'attendit pas même l'entier éloignement des troupes françaises de Pologne pour envoyer de nouveaux renforts dans ces provinces : car il n'avait cherché, dans les transactions de Tilsitt, que les moyens de continuer sans danger ses opérations militaires en Turquie. A peine ce traité fut-il signé, que le gouvernement russe ordonna un recrutement considérable et la formation de vingt nouveaux régimens; il reconnut *la nation servienne* dans l'armistice et les négociations pratiqués avec la Porte ottomane; il refusa d'évacuer l'île de Ténédos, nonobstant l'article 4 du traité d'armistice, et entretint des forces considérables dans les Sept-îles; on vit arriver *à Belgrade* le conseiller d'état et agent diplomatique russe, M. Constantin Rodofinikin; et ce même agent qui avait débité de si grossières impostures sur la situation des armées françaises en Pologne, dans son absurde lettre au pacha de Rudschuck, entra aussitôt en pourparlers *officiels* avec la *nation* servienne. Le général Mayendorff eut ordre de se rendre en toute hâte à Buccharest et de concentrer les forces russes en Moldavie et dans l'Ukraine; le cabinet de Saint-Pétersbourg établit le centre de ses opérations politiques et militaires en Valachie, afin de contenir à la fois la Servie et la Moldavie sous le joug. Ces provinces font en effet la base de la *puissance* ottomane; elles sont peuplées d'une excellente race d'hommes de guerre. Pour se convaincre de la fertilité de leur sol, de la richesse de leurs productions, il suffit d'observer que les waivodes, ou princes, auxquels le divan conférait le suprême commandement de ces principautés, achetaient leur dignité à un prix énorme, ne la conservaient guère au-delà de sept à huit années, et en sortaient avec des richesses égales à celles d'un souverain. Depuis un siècle, ces provinces ont été dévastées par des guerres et par une administration également cruelles; mais, défendues de trois côtés par le Dniester, la mer Noire et le Danube, elles offrent par leur situation une importance si grande, que l'existence de l'empire ottoman en dépend en quelque sorte : en outre, maîtresses en partie de la mer Adriatique, par leur intime communication avec la Servie, ces provinces tiennent l'Italie ouverte aux barbares du nord et de l'orient de l'Asie. On est effrayé des périls que pourrait un jour courir l'occident, si le cabinet de Saint-Pétersbourg conservait ces provinces, auxquelles l'occupation de la Krimée par les Russes donne une force et une importance nouvelles. Dans sa prévoyance, dans sa constante sollicitude pour le repos de l'Europe, l'empereur Napoléon avait jugé que le premier intérêt de ses peuples était de s'opposer inexorablement à des usurpations d'où découleraient des siècles de calamités et de guerres pour les nations civilisées; le traité de Tilsitt replaçait la Valachie et la Moldavie sous la souveraineté ottomane : mais, depuis cinq ans, la Russie élude l'exécution de ce traité; non-seulement elle n'a point évacué les territoires situés entre le Dniester et le Danube, elle s'est encore emparée de la Servie, et a continué avec plus d'acharnement la guerre contre la Porte ottomane.

Cependant les conditions obtenues à Tilsitt par le cabinet de Saint-Pétersbourg, pour lui, en faveur de ses alliés, ces conditions étaient honorables, avantageuses à l'empire russe ; il serait donc impossible d'expliquer la mauvaise foi et les perpétuelles violations de paix dont il n'a cessé de donner des preuves, si l'on oubliait que le cabinet de Saint-Pétersbourg est sous l'influence, ou plutôt sous l'esclavage du ministère britannique. Le cabinet de Londres ne s'inquiète point que le souverain du Bosphore conserve ses provinces d'Europe, ou soit dépossédé de ses états ; pourvu que les marchandises anglaises entrent à pleines voiles à Saint-Pétersbourg et s'introduisent, par la Russie, en Allemagne et dans l'empire ottoman, le gouvernement britannique est satisfait : que le gouvernement russe, que le divan soient menacés jusque dans leurs capitales, peu importe aux ministres du régent d'Angleterre si l'empire français a une nouvelle guerre à soutenir, si les hostilités se perpétuent sur le continent. Le cabinet de Londres veut s'arroger exclusivement la navigation, le commerce des mers du nord et du Levant, et à ce prix il permet à la Russie d'étendre à volonté ses usurpations en Turquie.

Depuis la rupture du traité d'Amiens, on

voit en effet les cours de Saint-James et de Saint-Pétersbourg travailler de concert au démembrement de l'empire turc ; les dépêches de monsieur d'Italinsky au drogman de la Porte, celles du ministre Arbuthnot et de l'amiral Duckworth ne laissent pas le moindre doute à cet égard. Sans aucune déclaration préalable, au milieu des assurances les plus pacifiques, les plus amicales, la Grande-Bretagne ne craignit pas d'incendier une flotte turque, de menacer Constantinople d'un bombardement ; et si l'Angleterre n'eût pas été à cette époque veuve de l'amiral Nelson et du ministre Pitt, il est probable que les Anglais se seraient emparés de cette capitale et des principales stations qui commandent le détroit des Dardanelles. Cet événement a fait voir du moins la gravité et l'imminence des dangers auxquels le divan peut se trouver désormais exposé; mais de même que les victoires remportées en 1807, par les armées françaises sur les rives de la Vistule donnèrent une vie nouvelle à l'empire ottoman, de même les succès de la guerre actuelle doivent sauver cet empire et *le raffermir dans ses fondemens ;* des succès d'une importance si majeure, si générale, doivent ébranler l'esprit ottoman, changer le caractère et les mœurs politiques de la nation turque. Sans doute il était réservé à l'empereur Napoléon de rapprocher, par l'éclat de ses triomphes et la grandeur de sa politique les musulmans des chrétiens, de mettre un terme à l'intolérance et au fanatisme religieux qui désolent les plus belles contrées de l'Europe et de l'Asie, de faire cesser la léthargie où est plongé l'empire ottoman : les événemens semblent tenir en réserve pour S. M. la gloire de préserver à jamais l'Europe de ces sanglantes guerres de religion qui ont pris naissance lors de la fondation de l'empire turc, de *retremper* cet empire, et de lui donner une existence nouvelle et entièrement européenne.

Toutes les considérations politiques et commerciales se réunissent aujourd'hui pour rattacher l'empire ottoman à la sûreté et à la prospérité des nations de l'occident, puisque cet empire est la *puissance* destinée à servir de barrière à l'Italie et au midi de l'Europe.

Les Romains avaient parfaitement senti de quelle importance était pour l'Italie la possession des côtes de la mer Noire et du détroit de l'Hellespont. On voit dans leurs annales un simple roi de Pont susciter, pendant un demi-siècle, les plus difficiles guerres à l'empire romain, ébranler cet empire, et faire croire un moment qu'il va être renversé ; dans les temps modernes, l'on a vu les barbares répandre la terreur dans l'occident, et menacer à la fois de leur joug les Espagnes, la France et l'Allemagne. Les peuples des provinces situées au nord de la mer Noire auront en effet, dans tous les temps, la facilité de porter leurs armes en Italie et dans les contrées méridionales de l'Europe, s'il n'existe pas sur le Bosphore une puissance assez forte pour arrêter leurs ravages : il faut le redire, les barrières de l'Europe civilisée ont toujours été, elles seront toujours, au nord, sur les rives de la Vistule, à l'orient sur les bords de la mer Noire.

Des écrivains ont dit que Constantin acheva de *ruiner* et *perdit* l'empire romain en abandonnant la ville de Rome. Cette opinion plaît à l'esprit, parce qu'elle présente un vaste résultat d'idées ; elle est devenue une espèce de proverbe politique ; nous sommes loin de l'adopter. Ce n'est pas Constantin qui perdit l'empire ; Galère et Constance-Chlore l'avaient déjà ruiné en le partageant ; Dioclétien, en réglant qu'il y aurait toujours deux empereurs et deux Césars, avait *réellement* partagé l'empire romain. A l'avénement de Constantin, il y avait deux empires, celui d'orient et celui d'occident. Lorsque cet empereur se décida à transporter sa capitale à Bysance, le monarque prit le seul moyen qui restait alors pour sauver l'occident et pour retenir l'orient sous sa domination ; et soit que le hasard, soit que des raisons d'une politique profonde aient décidé l'empereur chrétien à embrasser une résolution de cette nature, les hommes qui connaissent la situation où se trouvait *l'empire romain* à cette époque sont persuadés qu'il dut la prolongation de son existence à la fondation de Constantinople. La situation de cette capitale est d'une importance tellement majeure, par rapport au midi et à l'occident de l'Europe, qu'on doit admirer ou le génie ou le hasard qui décida Constantin à porter en orient *le siége* de l'empire, comme le dit M. de Montesquieu.

Pierre Ier, par instinct d'ambition, avait deviné le centre de gravité du monde politique. Dès le commencement du dix-huitième siècle, le cabinet de Saint-Pétersbourg jugea que l'empire russe acquerrait en Europe une force et une consistance inébranlables, s'il pouvait s'appuyer au midi sur la Krimée et sur Constantinople. Souveraine absolue de la mer Noire et de tous les grands fleuves qui débouchent dans ce vaste bassin, tenant la Perse entière sous le joug par sa double domination sur la mer Caspienne et sur la mer Noire, la Russie aurait été en effet le plus puissant empire de l'univers, si elle était parvenue à s'emparer du Bosphore de Thrace. Elle aurait eu en son pouvoir la clef de deux mondes, les portes de l'orient et de l'occident. Elle aurait obtenu une importance territoriale, et se serait donné une population militaire véritablement prodigieuse; elle aurait été placée à la source des plus riches et des plus abondantes productions du globe : l'empire russe aurait pu alors être considéré comme l'arbitre et le dominateur du monde continental. Il ne faut donc pas être étonné si, depuis le règne de Pierre Ier, le cabinet de Saint-Pétersbourg a fait tous ses efforts pour démembrer les provinces ottomanes et s'emparer de Constantinople. Ce cabinet a les yeux fixés sur cette capitale, comme le Mammon du paradis perdu sur le parvis des demeures célestes; et c'est par la conquête de la Pologne qu'il s'est flatté de consommer la destruction de l'empire ottoman, et qu'il a marché à ambition découverte sur Constantinople.

Il a fallu tout le règne de Louis XV pour opérer ces deux grandes catastrophes politiques; la dissolution du royaume de Pologne, le démembrement de l'empire turc : et cependant peu de souverains ont été doués d'un jugement aussi droit, d'un esprit aussi pénétrant, d'un amour plus vrai pour leurs peuples que

Louis XV; mais ce monarque était sans caractère, et c'est le caractère seul qui fait les grands rois. Rappelons ici les paroles de Louis XV à M. de Machault, au sortir du conseil où le monarque venait d'annoncer la résolution de s'unir étroitement avec le divan, et de secourir la Porte ottomane : « Je suis satisfait aujour-« d'hui ; j'ai signé l'ordre qui ferme l'Europe « aux barbares du nord. » Louis XV promettait alors un roi de France : le moment n'était pas arrivé, où une sorte de fatalité politique devait perdre la Pologne et traîner l'empire ottoman sur les bords de l'abîme.

Apprécions maintenant les dangers auxquels l'Europe pourrait se trouver un jour exposée, si Constantinople devenait la proie de la Russie, c'est-à-dire la proie d'un empire fortifié par l'alliance, protégé par la force navale de l'Angleterre, et porté avec toutes les ressources de la barbarie et tous les avantages de la civilisation dans le centre de la Méditerranée. L'Angleterre, dont l'invariable politique est d'agiter l'Europe, n'aurait-elle pas directement et indirectement la propriété exclusive de tout le commerce de l'orient par les deux grandes routes que suit ce commerce, c'est-à-dire par le cap de Bonne-Espérance et par la mer Noire ? La Russie ne serait-elle pas maîtresse d'inonder les plus belles contrées de l'occident de Cosaques et de Tartares ?

Après tout ce que nous avons dit jusqu'ici sur la nature des liens qui unissent la Grande-Bretagne et la Russie, il serait inutile de s'épuiser en raisonnemens pour prouver que l'Angleterre retirerait à elle seule tous les bénéfices du commerce de la Méditerranée et de la Turquie asiatique, si la Russie usurpait la souveraineté du détroit des Dardanelles : dans un tel cas, il n'existerait aucune supposition où l'on pût entrevoir le plus faible motif de sécurité commerciale en faveur des divers états du continent. Le cabinet russe est anglais ; la situation de Saint-Pétersbourg au fond de la mer Baltique, l'extension prodigieuse que l'empire russe a acquis sur la mer Noire, le luxe excessif de la noblesse et de la cour, le goût et le besoin des marchandises anglaises, si généralement répandus depuis Riga jusqu'à Astrakan, toutes ces raisons ont mis la Russie sous la dépendance de l'Angleterre ; celle-ci, n'ayant rien à craindre, sous le rapport maritime, de l'agrandissement gigantesque de la Russie, a favorisé tous les projets d'envahissement du cabinet de Saint-Pétersbourg. Les deux états, également dévorés du désir de dominer en Europe, se sont aidés mutuellement dans leurs usurpations : une ambition réciproque a déterminé l'alliance des deux cabinets ; l'un a fourni son or, l'autre ses soldats ; et tous deux ont acheté par des sacrifices la continuation d'une alliance nécessaire à l'exécution de leurs ambitieux desseins. Ce sont des vérités dont il est essentiel de se pénétrer, si l'on veut se rendre raison de la dépendance où s'est placée la Russie vis-à-vis de l'Angleterre, et de la liaison intime qui s'est établie entre les cabinets de Saint-Pétersbourg et de Londres.

Depuis la fondation de Saint-Pétersbourg, l'empire russe n'a plus qu'une capitale maritime : il se trouve géographiquement placé dans une situation contre nature, si l'on fait attention au caractère russe et à la politique conquérante du cabinet. Cette situation ne lui permet pas d'avoir une marine militaire d'une certaine importance ; elle réduit l'empire russe à ne pas hasarder un seul vaisseau dans la Méditerranée, à ne pouvoir faire sortir une seule barque pontée du golfe de Riga sans la permission de la Grande-Bretagne. L'empire russe n'a pas une seule mer profonde, une seule mer ouverte : il est hors d'état de pratiquer ces grandes pêcheries, ces difficiles et périlleuses navigations où se forment les matelots ; à peine ses amiraux savent-ils naviguer de port en port! Au milieu de ces obstacles, en partie insurmontables, lorsque les arts et l'industrie ont fait si peu de progrès en Russie, lorsque la masse du peuple est encore plongée dans une profonde barbarie, le cabinet de Saint-Pétersbourg ne cesse d'envahir en Europe et en Asie ; il ne cesse d'incorporer de nouvelles provinces à son immense territoire ; mais les ressources et les finances de l'état sont loin d'être proportionnées à un pareil système d'envahissement et de domination. Les finances ne sont en Russie que les mères nourricières d'un luxe corrupteur, d'un despotisme barbare. Ce luxe, ce despotisme, cette ambition, concourent également à rendre l'empire russe tributaire et vassal de la Grande-Bretagne. L'empire abandonne tous les produits bruts de son territoire au monopole anglais, et à peine peut-il solder les importations de luxe et d'objets manufacturés dont le commerce britannique a fait une nécessité pour la Russie. Par conséquent, les rapports commerciaux et politiques du cabinet de Saint-Pétersbourg sont en quelque sorte à la disposition de l'Angleterre ; le cabinet de Londres seconde de tous ses effort les usurpations et les hostilités continentales de la Russie, et cette dernière puissance favorise de tout son pouvoir le monopole et la tyrannie maritime de la Grande-Bretagne. Tels sont les principes de l'alliance anglo-russe, alliance aussi funeste aux véritables intérêts de la Russie qu'essentiellement fatale au repos et à la prospérité de l'Europe.

L'accroissement de la puissance navale et le despotisme commercial de la Grande-Bretagne d'une part, l'étendue de l'empire russe, l'esprit de son gouvernement et la situation de sa capitale d'autre part, établissent réciproquement ces résultats. Un ordre de choses semblable ne saurait être changé que par le démembrement de la Russie : il faut remonter, si l'on peut parler ainsi, tout le dix-huitième siècle ; il faut que la mer Baltique ne soit plus sous la domination de l'empire russe, et que cet empire soit rejeté hors de l'Europe, si l'on veut briser les liens qui attachent la Russie à l'Angleterre. Dans la situation actuelle de ces deux puissances, les intérêts des deux cabinets sont et demeureront inséparables.

Les négociations de 1806 ont montré la force des relations existantes entre les deux cabinets. Dans le cours de ces négociations, le ministère anglais demanda « que la France « cédât à la Russie la pleine souveraineté de « Corfou et une barrière contre l'empire turc,

« du côté de la Dalmatie. » Une barrière contre l'empire turc !!! Dans la note du 13 septembre 1806, ce ministère déclara « que « le maintien des liaisons *intimes* et de l'al- « liance qui subsistent entre sa majesté bri- « tannique et l'empereur de toutes les Russies, « la conduite *récente* de son illustre allié, les « témoignages de l'*intérêt* qu'il prend au bien- « être de la Grande-Bretagne et au bonheur gé- « néral de l'Europe sont de nouveaux motifs « pour ne séparer, *en aucun cas, ses intérêts de* « *ceux de la cour de Saint-Pétersbourg.* » Le cabinet de Saint-James félicitait l'empereur Alexandre de prendre intérêt *au bonheur général de l'Europe*, lorsque ce monarque refusait de ratifier le traité signé par son conseiller d'état d'Oubril, traité qui pouvait assurer la paix et le repos de l'Europe ; sans doute il l'a félicité de prendre intérêt au bonheur général, lorsque la Russie s'est appropriée, par les traités de Tilsitt et de Vienne, une portion des provinces polonaises de la Prusse et de l'Autriche ; sans doute le cabinet de Londres félicite aujourd'hui le ministère russe de la guerre qu'il entreprend pour donner *la paix* au continent !

Les manifestes du cabinet de Saint-Pétersbourg sont remarquables par la fausseté des assertions qu'ils expriment. Dans l'ukase publié pour donner connaissance à l'empire russe du traité de paix de Tilsitt, ce cabinet dit textuellement : « D'après l'énergie et la « valeur des troupes russes, sa majesté impé- « riale *pouvait obtenir une grande augmenta-* « *tion de territoire;* mais, cette augmentation « ne pouvant avoir lieu qu'aux dépens d'un « allié, sa majesté impériale a jugé contraire « à la dignité de sa couronne de *profiter* des « circonstances, et s'est en conséquence bornée « à *assurer* ses frontières en Pologne. » Quel généreux allié que le cabinet de Saint-Pétersbourg ! et comment ne pas en être convaincu, lorsqu'on trouve dans le manifeste impérial, relatif à la paix conclue avec la France, ces « paroles ? « En mettant nos forces sur pied « et en les faisant agir, nous n'avons point eu « en vue d'agrandir notre empire, nous avons « seulement *désiré de rétablir la tranquillité* « *troublée* (on reconnaît ici la plume d'un « mauvais écrivain français réfugiée dans la « chancellerie russe), et *d'éloigner les dan-* « *gers* qui menaçaient un état voisin avec le- « quel nous étions alliés. » Il est bien malheureux pour la Prusse, avec un tel manifeste, que la Russie l'ait empêchée, six mois auparavant, de conclure une paix séparée avec l'empire français, et se soit adjugée, en signant le traité de Tilsitt, les districts prussiens de la Narew! Mais, en mettant de côté la *générosité* russe, disons que la *tranquillité troublée* n'a pas été rétablie par le cabinet de Saint-Pétersbourg; il a *déclaré la guerre*, et il se trouve aujourd'hui la seule puissance du continent qui soit alliée de la Grande-Bretagne; les dangers qui menaçaient les voisins ou les alliés de la Russie n'ont pas été *éloignés* par le cabinet de Saint-Pétersbourg; il s'est approprié successivement une partie du territoire de la Suède, de la Prusse, de l'Autriche. Certes, l'alliance de la Russie est plus dangereuse que son inimitié, et son cabinet est plus à craindre que ses armées; c'est par une paix sincère, c'est en s'unissant avec le cabinet impérial de France, que les *voisins et alliés de la Russie* ont éloigné pour jamais les dangers dont *elle* les menaçait, et c'est ainsi que *la tranquillité troublée sera rétablie* en Europe malgré la Russie et malgré l'Angleterre.

Le ministère russe, soit en paix, soit en guerre, n'est jamais resté en arrière avec le ministère anglais. Dans la déclaration du 26 octobre 1807, le cabinet de Saint-Pétersbourg dit « que l'empereur Alexandre a pris deux « fois les armes dans une cause où l'intérêt

« *le plus direct* était celui de l'Angleterre, et « qu'après la paix de Tilsitt *il ne renonça pas* « *encore à lui rendre service.* » Toute l'Europe en est aujourd'hui bien persuadée. La déclaration de sa majesté britannique, en date du 26 décembre 1807, dit : « La dernière négocia-« tion entre la France et la Grande-Bretagne a « été *rompue* pour des points qui touchaient *im-*« *médiatement*, non les intérêts de sa majesté, « mais *ceux de son allié impérial....* Il est hors « de doute que la *guerre avec la Porte* a été « entreprise par la Grande-Bretagne à *l'ins-*« *tigation de la Russie*, et dans le seul objet de « défendre *les intérêts* de celle-ci contre l'in-« fluence de la France. » Le ministère russe dit à son tour, « que sa majesté l'empereur « Alexandre *ne prévit pas* que, lorsque l'An-« gleterre, ayant usé de ses forces *avec succès*, « était au moment *d'enlever sa proie*, elle fe-« rait un *nouvel* outrage au Danemarck, et « que sa majesté devait le partager..... Qu'on « lui ferait l'offre de *garantir* cette soumission « et cette dégradation du Danemarck. » *Garantir* est ici un mot précieux, il jette une grande lumière sur l'expédition de Copenhague, et nous reviendrons plus tard sur la part que le ministère russe a dû prendre à cette expédition. Mais si l'on veut dès ce mo-

ment une assertion plus extraordinaire encore que la déclaration de la Russie, le ministère britannique va la fournir; il dit : « Que les pre-
« miers symptômes d'une confiance renaissante
« depuis la paix de Tilsitt se montrèrent *au*
« *moment* où la nouvelle du siége de Copen-
« hague venait d'être reçue à Saint-Péters-
« bourg. » Aussi, dans l'ukase adressé au comte Nicolaï Pétrovitz-Romanzow, le gouvernement russe témoignait-il les plus grands égards pour les Anglais établis dans les diverses provinces de l'empire, en nommant une commission chargée de veiller à la *conservation* des marchandises anglaises mises sous le séquestre. Dans sa déclaration *de guerre*, du 26 octobre 1807, l'empereur Alexandre Ier ne se plaint pas tant de ce que l'Angleterre, ayant *usé de ses forces avec succès* à Copenhague, touchait au moment *d'enlever sa proie*, que de ce qu'elle voulait *rattacher à la puissance britannique* le Danemarck soumis et dégradé, que de ce qu'elle offrait à la Russie *de garantir* cette soumission : la plainte est appropriée aux conjonctures. En effet, si le cabinet de Saint-Pétersbourg, immédiatement après la paix de Tilsitt, eût *garanti* à la Grande-Bretagne la soumission du Danemarck, il eût décélé sa connivence avec le cabinet de

Londres. L'empereur Alexandre I*er* était trop généreux, trop noble, pour se charger d'être l'apologiste d'une conduite inique ; mais son ministère ne montra pas une grande *indignation* de la conduite des Anglais à Copenhague, et des propositions subséquentes faites à la cour de Russie ; il se borna à faire dire à Alexandre I*er*, « qu'il ne donnait à cette *démarche* « du cabinet de Londres d'autre *attention* que « celle qu'elle méritait, et qu'il jugeait *qu'il* « *était temps* de mettre des bornes à sa mo- « dération. » Il eût été, ce semble, plus grand, plus utile aux intérêts du Danemarck et de l'Europe de mettre des bornes à la *modération*, lorsque les Anglais incendiaient Copenhague, et pendant les six semaines de l'occupation de cette capitale par les forces britanniques. Le souverain de toutes les Russies dit bien, à la fin de la déclaration de *guerre*, « qu'il s'attend que sa majesté britannique se « *prêtera* à conclure la paix avec sa majesté « l'empereur des Français, ce qui étendrait « *pour ainsi dire* à toute la terre (la Russie « veut clairement excepter ici la Turquie) les « bienfaits inappréciables de la paix. » Mais, d'un autre côté, les nouveaux principes de neutralité armée, professés par le cabinet de Saint-Pétersbourg dans la déclaration susdite, et le soin qu'il apporte à appeler la mer Baltique une *mer fermée*, prouvent incontestablement qu'à l'époque du traité de Tilsitt le cabinet de Saint-Pétersbourg voulait placer le Danemarck et la Suède sous sa domination politique, et qu'en contractant une alliance intime avec la cour impériale de France, il avait surtout en vue de s'attribuer la souveraineté de la mer Baltique, et de se ménager de grandes facilités pour continuer ses envahissemens en Suède et en Turquie.

Lors de l'expédition de Copenhague, l'empire russe a pu croire que son influence dans la mer Baltique s'accroîtrait en proportion de l'affaiblissement naval du Danemarck; il a donc cherché à réduire la monarchie suédoise à ses seules forces, à empêcher l'empire français et la Suède de profiter maritimement de l'assistance que le Danemarck aurait pu leur fournir. Ajoutons aussi que la destruction de la marine danoise devait avoir pour résultat de *consolider*, par l'Angleterre, la domination de la Russie dans la mer Baltique; et comme le cabinet de Saint-Pétersbourg a déclaré qu'il était *dépositaire de la tranquillité et de l'inviolabilité* de cette mer, ou, en d'autres termes, que *la souveraineté* de la mer Baltique appartenait à la Russie, il est permis de penser et de dire que le cabinet de

Saint-Pétersbourg a vu *sans indignation* l'incendie et le sac de Copenhague. Tous les documens relatifs à cette atroce expédition, et les démarches faites par la Russie auprès de la cour de Londres postérieurement à la paix de Tilsitt, autorisent pleinement à conclure que la Russie avait été instruite de cette expédition, et qu'elle l'a favorisée de tout son pouvoir, afin de détruire dans la mer Baltique toutes les influences opposées à l'influence de l'Angleterre et de la Russie.

Au moment de l'expédition de Copenhague, lorsque tous les ports russes de la Baltique pouvaient être sérieusement menacés par les forces navales de l'Angleterre, le cabinet de Saint-Pétersbourg envoyait de nouvelles armées sur les frontières de la Turquie, et garnissait de troupes la Grusinie et toute la ligne du Caucase ; il se bornait à des déclarations hostiles contre l'Angleterre, et ordonnait cependant des levées considérables de troupes : effets de cette ambition orientale qui veut tout envahir, de cette avidité commerciale qui, le fer et la flamme à la main, cherche partout des consommateurs et des comptoirs !.... Depuis le traité de Tilsitt, on voit la Russie éviter soigneusement *d'entrer en guerre* avec la Grande-Bretagne : les armées russes attaquent la Finlande, démembrent la monarchie suédoise, et le gouvernement britannique, *allié de la Suède*, n'attaque ni la navigation ni le commerce russes dans la mer Baltique ; au contraire, l'ukase rendu par le cabinet de Saint-Pétersbourg, *pour faire cesser toute communication* entre la Russie et l'Angleterre, vient montrer l'intelligence et l'accord *secrets* qui règnent entre les deux états. Cet ukase ordonne aux vaisseaux russes qui se trouvent dans les ports d'Angleterre d'en sortir sur leur lest, sans charger aucune denrée du crû ou du produit britanniques ; elle ordonne que les marchandises anglaises importées à l'avenir dans les ports russes seront soumises à l'exportation sous le terme de deux semaines : c'est plus de temps qu'il n'en faut pour vendre une cargaison. La première de ces dispositions prouve que les vaisseaux russes avaient eu depuis le 26 octobre, époque de la déclaration de guerre du cabinet de Saint-Pétersbourg, la liberté de naviguer en Angleterre nonobstant ladite déclaration, et que le gouvernement anglais ne s'opposait point à leur sortie de ses ports ; la seconde prouve que le cabinet russe, loin de confisquer, loin de prohiber même les importations anglaises dans ses ports de la Baltique, faisait au contraire le commerce des denrées coloniales de l'Angleterre, en multipliant ses ordonnances contre ce commerce, et qu'il usait en conséquence de tous les ménagemens possibles envers le pavillon anglais. Aussi les amiraux de la Grande-Bretagne n'ont pas tiré un coup de canon au pavillon russe dans la Baltique, lorsque les troupes de cette dernière puissance poursuivaient avec chaleur leurs invasions en Finlande et dans le golfe de Bothnie.

Rien ne prouve plus clairement, ce semble, le peu de sincérité que le cabinet de Saint-Pétersbourg apportait dans l'exécution du traité d'alliance qu'il avait contracté à Tilsitt avec l'empire français.

L'empereur Alexandre, obtenant à Tilsitt des conditions si honorables, si avantageuses pour son empire, devait à l'empereur Napoléon une communication entière des rapports qui existaient entre le cabinet de Saint-Pétersbourg et celui de Saint-James, relativement aux préparatifs formidables qui se faisaient alors dans les ports de la Grande-Bretagne, préparatifs dirigés ostensiblement contre les alliés de l'empire français dans le nord de l'Allemagne. Le traité de Tilsitt en faisait une loi à la cour de Russie, puisque les pièces officielles communiquées au sénat conservateur énoncent que ce traité était *un traité d'alliance offensif contre* l'*Angleterre, puisque l'empereur Alexandre avait dit à l'empereur Napoléon qu'il voulait être son second contre l'Angleterre.* Au lieu de remplir ces obligations, le cabinet de Saint-Pétersbourg favorisait les hostilités de la Grande-Bretagne ; en voici la preuve. Ou l'expédition contre la marine danoise avait été concertée avec le ministère russe, ou elle se tramait à son insçu, et par conséquent sans sa participation. Dans le premier cas, l'empire français devait être informé par la Russie de tous les renseignemens relatifs à l'attentat médité contre le port de Copenhague ; dans le second, le cabinet russe, pour la sûreté de ses ports de la Baltique, avait l'intérêt le plus majeur d'exiger, immédiatement après les signatures de Tilsitt, une explication catégorique du ministère britannique sur la destination et l'emploi de forces navales aussi formidables que l'étaient celles dont les papiers anglais annonçaient la prochaine expédition pour les mers du nord. Le refus d'explications qu'aurait pu faire le cabinet de Londres, la nature et le mode des éclaircissemens qu'il aurait jugé à propos de donner à la cour de Russie, et la continuation des armemens qui redoublaient d'activité dans les ports de la Grande-Bretagne, devenaient alors autant de raisons pour obliger le cabinet de Saint-Pétersbourg, après la conclusion des traités de Tilsitt, de se mettre en état d'hostilité, ou tout au moins de *neutralité armée* dans la mer Baltique.

Indépendamment des engagemens que la Russie venait de contracter en faveur de l'empire français et contre la Grande-Bretagne, un intérêt personnel et direct suffisait pour diriger la conduite de l'empire russe; les ports de Revel et de Cronstadt, et toutes les côtes européennes de cet empire pouvaient être menacés et se trouver en interdit commercial à la simple apparition des amiraux anglais dans le Sund. Le cabinet de Saint-Pétersbourg renonçait brusquement à l'alliance de l'Angleterre; il devenait l'allié de l'empire français; par le fait seul de ce changement de système; et en supposant un tel revirement d'alliance aussi sincère qu'il était éclatant, la Russie était évidemment intéressée à protester contre l'envoi de forces navales anglaises dans la mer Baltique; elle se trouvait affectée dans toutes ses relations commerciales et fédératives, soit que ces forces fussent dirigées contre la neutralité du Danemarck, soit qu'elles eussent pour objet de donner une grande assistance à la Suède, puisque, dans l'une et dans l'autre supposition, tous les intérêts pacifiques ou fédératifs énoncés dans le traité de Tilsitt étaient blessés au préjudice de la garantie russe; puisque les intérêts commerciaux de cet empire pouvaient être gravement compromis d'un instant à l'autre; puisque cette coopération franche et entière de la Russie pour obliger le ministère anglais d'ahdérer enfin à une pacification générale devenait nulle et de nul effet : cette coopération avait été cependant la première et la plus importante des conditions de Tilsitt, celle qui avait pu seule déterminer l'empereur Napoléon *à sacrifier les avantages qu'il tenait de la victoire, et à passer rapidement de l'état de guerre à l'état d'alliance avec la Russie;* une condition aussi fondamentale ne permettait pas à la Russie la moindre hésitation dans sa conduite : quelle conduite a donc suivi la Russie ?

Il est essentiel d'observer que les expéditions anglaises dirigées contre Copenhague ne firent voile des ports d'Angleterre pour la Baltique que dans les derniers jours de juillet 1807, c'est-à-dire lorsque le traité de Tilsitt et l'alliance entre l'empire français et l'empire russe étaient connus à Londres : la nouvelle de la paix et *de l'échange des ratifications* entre les deux couronnes y était arrivée le 22 juillet; les documens officiels fournis au parlement l'attestent. Puisque l'Angleterre persista dans ses armemens et leur donnait même une formidable extension dans les premiers jours d'août, à une époque où la cour de Russie avait fait *notifier* au cabinet de Saint-James les engagemens qu'elle venait de contracter avec la cour impériale de France, la Russie devait être *alarmée* des entreprises maritimes que la Grande-Bretagne annonçait vouloir exécuter dans la mer Baltique ; montrer une tranquillité et une inaction égales dans des conjonctures aussi critiques, c'était avouer qu'on était tacitement d'intelligence avec le cabinet de Londres, nonobstant les articles signés à Tilsitt ; car, dans le cas contraire, le cabinet de Saint-Pétersbourg n'avait plus un instant à perdre pour exiger du ministère britannique une déclaration nette et précise sur le fait de ses armemens maritimes, pour se mettre en état de défense sur ses côtes, fermer hermétiquement les provinces russes de la Baltique au commerce anglais, et procéder ainsi à l'exécution des articles signés à Tilsitt.

Cette attitude et ces mesures paraissaient impérieusement commandées à la Russie, soit pour attester sa bonne foi envers son nouvel *allié*, soit pour assurer sa propre défense contre son nouvel *ennemi* ; il ne lui était permis, sous aucun rapport, de demeurer simple spectatrice de l'entrée des escadres anglaises dans la mer Baltique. Mais le cabinet de Saint-Pétersbourg, *allié* du ministère anglais lorsqu'il s'engageait à Tilsitt à déclarer la guerre à la Grande-Bretagne, eut recours aux formes diplomatiques, afin d'abuser de la bonne foi de l'empire français; à l'aide de ces formes, avec lesquelles on avance ou l'on recule à volonté entre deux cabinets une décision importante, celui de Russie opéra à Londres la notification de son traité, *sans y joindre une copie de ce traité ;* les ministres de sa majesté britannique se crurent obligés de faire remarquer à la chambre des pairs cet *oubli* de la chancellerie russe; il suffisait, pour prolonger, au bénéfice de l'Angleterre, le délai d'un mois qui avait été fixé au cabinet de Saint-James pour l'acceptation ou le refus de la *médiation* russe dans les négociations de paix à ouvrir avec l'empire français; cet *oubli* suffisait pour donner aux Anglais le temps de mettre la dernière main à leur expédition dans la Baltique; la Russie ne se réservait pas même, par l'ambiguité de sa notification, de justes motifs de plainte, une raison valable contre le départ ou les opérations des escadres anglaises : la Russie favorisait donc, dans le fait, les projets hostiles de l'Angleterre contre les alliés de l'empire français, et violait déjà, *à Tilsitt*, la paix qu'elle signait avec cet empire.

Toutes les raisons politiques, tous les motifs de sûreté et d'intérêt personnels, toutes les garanties solennellement promises à l'empire français obligeaient cependant la Russie à se mettre en défense dans la mer Baltique, à déclarer franchement la guerre au commerce anglais, à adhérer aux décrets de Berlin et de Milan, sans délai et sans modification, afin de forcer l'Angleterre à accepter la *médiation* pour la paix, ou afin de fermer aux marchandises anglaises tous les ports de la Russie, dans le cas où le cabinet de Saint-James eût refusé d'adhérer à la pacification générale.

Le ministère russe ne fit faire à Londres aucune notification de cette nature ; il ne protesta pas contre l'envoi des forces britanniques dans les mers du nord ; il ne donna pas la moindre assistance à la monarchie danoise : seulement les ambassadeurs ou envoyés de Saint-Pétersbourg firent, pour sauver les apparences, quelques représentations au ministère anglais sur l'incendie et la spoliation du port de Copenhague ; ils ne tentèrent aucune démarche pour empêcher le ministère anglais de faire conduire à Portsmouth la marine danoise. L'ambassadeur russe, qui s'était précipitamment éloigné de Copenhague au moment de l'invasion, s'empressa de revenir dans cette capitale après sa reddition, *pour y aplanir les différends entre l'Angleterre et le Danemarck*. Les ministres russes laissèrent la Grande-Bretagne détruire en Danemarck tout système de neutralité maritime; et comme la Suède se trouvait engagée dans l'alliance britannique, le cabinet de Saint-Pétersbourg ne s'occupa plus dès cet instant qu'à envahir les provinces de la monarchie suédoise dans le golfe de Finlande. C'était se servir du traité même de Tilsitt pour détruire dans le nord l'influence de l'empire français, pour reléguer la Suède dans le golfe de Bothnie, se débarrasser des obstacles que le cabinet de Stockholm pouvait susciter dans le golfe de Finlande, anéantir un allié naturel de la France, et s'emparer de la souveraineté de la mer Baltique.

Mais la *souveraineté* de la mer Baltique n'appartient pas plus à l'empire russe que la souveraineté de l'Océan n'appartient à la Grande-Bretagne. *La tranquillité et l'inviolabilité* de la mer Baltique sont sous la garantie, sous la protection réciproques des puissances riveraines : il importe à l'empire français, à tous les gouvernemens européens, que le souverain du golfe de Riga ne s'arroge pas le droit d'exercer seul cette garantie ; que la Suède, le Danemarck, la Prusse, l'empire français, le Mecklembourg, les divers états ou villes situés sur la mer Baltique soient reconnus dans le droit et maintenus dans l'exercice de protection sur cette mer ; il leur importe essentiellement que l'empire russe n'y usurpe pas une suprématie et une influence qui se trouveraient, par le fait de son alliance avec la Grande-Bretagne, dirigées contre les intérêts politiques et commerciaux de l'empire français et de ses alliés.

Dans toutes les déclarations émanées du gouvernement russe depuis la paix de Tilsitt, le cabinet de Saint-Pétersbourg a mis à découvert son système politique et ses projets d'envahissement dans le nord et dans le Levant. Dans ces actes publics, il a apporté un soin extrême à appeler la mer Noire et la mer Baltique des *mers fermées ;* ses négociateurs ont prolongé jusqu'au mois de mars 1808 leur séjour en Angleterre, nonobstant la déclaration de guerre du vingt-six octobre précédent, sous le prétexte d'une médiation que l'on pourrait qualifier de dérisoire, vu la *na-*

ture et les *effets* des notes échangées pendant six mois entre les cabinets de Saint-Pétersbourg et de Londres : les communications entre les deux états ont été officiellement permises pour *régler*, dit un ukase, les intérêts respectifs des négocians des deux nations. La Russie, il est vrai, avait offert sa médiation pour rapprocher la France et l'Angleterre, et amener ces puissances à une pacification générale ; mais un acte de médiation est une mesure purement illusoire, lorsque la puissance qui s'en attribue l'exercice, ou à laquelle cet exercice est accordé par les traités, n'apporte point une sincérité, un désintéressement et une loyauté véritables dans cet honorable ministère. L'expérience a toujours prouvé que l'acte de médiation donne au cabinet qui en est revêtu une influence très-grande ; si ce cabinet n'est pas dépourvu d'une certaine habileté, il recueille ordinairement de grands avantages politiques dans les négociations ; il est le maître de les prolonger, de les presser ou de les retarder, de travailler secrètement pour lui-même, de tromper plus ou moins l'une ou l'autre des puissances qui agréent sa médiation, de faire valoir ses services à toutes deux, et de donner aux affaires la direction qui convient à ses intérêts particuliers. Aussi a-t-on vu, dans tous les temps, les cabinets investis d'une médiation en recueillir les bénéfices, soit en influence politique, soit en augmentation de territoire; il en est de ces grandes discussions entre les états comme des procès entre les particuliers; un conciliateur adroit et loyal les rapproche, un arbitre fin et intéressé ne fait que les diviser davantage, en ayant l'air de se dévouer à leur réconciliation.

Le cabinet de Saint-Pétersbourg n'a pas été ce conciliateur, il a été cet arbitre. Les intentions manifestées par l'empereur Alexandre dans cette grande conjoncture ne sauraient être suspectes; elles portaient l'empreinte de la grandeur et de la bonne foi qui caractérisent ce souverain; l'empereur Alexandre sentait combien son empire trouverait d'avantages positifs dans l'alliance française, dans le nouveau système continental qui assurait une grande et honorable influence au cabinet de Saint-Pétersbourg; mais ce cabinet, livré aux intrigues, aux corruptions, et par conséquent aux intérêts exclusifs de l'Angleterre, a égaré la volonté de l'empereur Alexandre et trompé toutes les espérances de paix que le traité de Tilsitt avait pour ainsi dire déjà réalisées en faveur des puissances continentales : le gouvernement russe a favorisé les prétentions maritimes et commerciales ; il a secondé les hostilités du cabinet de Londres ; il s'est joué de la foi des sermens, de la dignité des couronnes, des intérêts des peuples, et, fidèle allié de la politique des ministres du régent d'Angleterre, il a ensanglanté de nouveau le continent et compromis l'existence de l'empire russe, au mépris de tous les intérêts qui rendaient l'alliance française si utile, osons même ajouter, si nécessaire à la Russie.

Tels sont les déplorables effets de cet esprit commercial que la Grande-Bretagne est parvenue à introduire, comme pouvoir politique du premier ordre, dans le système du cabinet de Saint-Pétersbourg : telles sont les conséquences de ce despotisme maritime qui asservit l'empire russe à la volonté du cabinet de Saint-James.

La déclaration de sa majesté britannique, relative à la déclaration de guerre publiée par la Russie, prouve deux faits : l'un, que la cour de Londres favorisait les envahissemens de la Russie dans l'Archipel de la Grèce et sur les rives du Danube ; l'autre, que le cabinet de Saint-Pétersbourg ne cherchait qu'à se prévaloir des sacrifices *qu'il avait l'air de* faire à l'alliance française en se constituant en état de guerre avec la Grande-Bretagne. A cette époque, les apparences étaient en faveur du cabinet de Saint-Pétersbourg, mais tous les faits étaient contre lui : la déclaration de sa majesté britannique insinue que les négociations de paix entre l'Angleterre et la France, suivies à Paris en 1806, auraient pu conduire à un résultat heureux, si le cabinet de Saint-Pétersbourg n'y eût apporté certains empêchemens. Le L'loyd's Evening-Post, du trente-un décembre 1807, a publié les conditions que le cabinet des Tuileries offrait à l'Angleterre au mois de septembre 1806; le cabinet de Londres demandait en faveur de la Russie la pleine *souveraineté* de Corfou et une barrière en Dalmatie : les pièces officielles, qui sont parvenues à la connaissance du public, autorisent à avancer que le cabinet de Saint-Pétersbourg a influé *sur la rupture* des négociations de paix suivies, en 1806, par les lords Lauderdale et Yarmouth. Cette particularité est d'autant plus remarquable, que la Russie avait fait elle-même sa paix séparée avec l'empire français, trois mois auparavant, par le ministère de M. d'Oubril : il est vrai que le cabinet de Saint-Pétersbourg ne *ratifia* point les engagemens contractés par cet envoyé ; et peut-être M. d'Oubril n'avait-il reçu l'ordre de signer cette paix que pour effrayer ou contenir le cabinet de Londres, dans le cas où celui-ci aurait eu réellement l'intention de conclure la paix avec l'empire français.

Le cabinet de Saint-Pétersbourg a puissamment influé sur les résolutions hostiles du cabinet de Berlin, sur la guerre de Prusse; le ministère russe a été un des grands mobiles de la dernière guerre d'Autriche; ce ministère a fait en tout temps cause commune avec le cabinet de Londres pour perpétuer les guerres continentales : mais, de leur côté, les ministres anglais ont favorisé, protégé, reconnu tous les envahissemens que le cabinet russe a opérés depuis vingt ans en Pologne, en Turquie et en Suède. Lorsque le lord Grey fit, le onze février 1808, dans la chambre des pairs, la motion « que les ministres eussent à produire les « papiers nécessaires pour remplir les *omis-* « *sions* qu'on remarquait dans la correspon- « dance avec le cabinet de Saint-Pétersbourg, » le lord Hawkesbury demanda qu'on exceptât de la communication à la chambre, 1° la copie d'une lettre de lord Hutchinson, où cet *ambassadeur privé* rend compte d'une conversation qu'il a eue avec l'empereur de Russie ; 2° la copie de la correspondance qu'ont eus ensemble le lord Gower et le gouvernement russe *relativement au traité de Tilsitt :* ce qui n'est pas moins caractéristique, c'est la réponse de M. Canning's, dans la séance de la chambre des communes, le seize février, aux demandes formées par M. Withbread pour la communication à la chambre, 1° d'une déclaration de l'empereur de Russie du vingt-trois juin, 2° d'une dépêche de M. d'Alopæus; M. Canning's dit formellement qu'il est impossible d'extraire trois phrases de ces dépêches *sans compromettre quelqu'un.* Les réticences et les réserves employées par les ministres anglais, dans les discussions parlementaires relatives à la déclaration de guerre de la Russie contre la Grande-Bretagne, étaient de nature à légitimer tous les soupçons qu'on pouvait déjà former contre la sincérité de l'alliance russe avec l'empire français : non que le caractère personnel de l'empereur Alexandre (on se plaît à le répéter) ne détruisît ces soupçons ; la loyauté et les vertus de ce souverain permettaient, au contraire, d'accorder une entière confiance à l'exécution des mesures qu'il s'était obligé de prendre, de concert avec l'empereur Napoléon, pour attaquer la puissance commerciale et l'influence politique de l'Angleterre : mais malheureusement il existe en Russie un *parti anglais* dont les intérêts et les ambitieuses passions se trouvent en opposition constante avec les sages résolutions du monarque ; ce parti gouverne réellement la Russie : on ne doit pas être surpris, d'après cela, que les cabinets de Saint-Pétersbourg et de Londres, dévorés tous deux de l'ambition de dominer l'Europe, l'un par son despotisme commercial, l'autre par sa puissance continentale, offrent les mêmes perfidies dans leur système d'alliance, et de perpétuelles violations de foi dans leurs traités avec les divers états de l'Europe.

Jusques à la paix de Tilsitt, la Russie n'a eu qu'un but, celui de profiter des événemens de la *guerre continentale* pour démembrer l'empire ottoman ; le cabinet de Saint-Pétersbourg ne s'est point trouvé assez fort, il n'a pas été assez libre dans ses mouvemens militaires pour consommer la ruine de cet empire ; il a vu au contraire ses propres frontières atteintes par l'empereur des Français : la Russie a donc conclu la paix. Depuis la paix de Tilsitt, la Russie a eu un double but, celui de s'emparer de la Finlande, et celui d'obtenir en Turquie, par ses intrigues diplomatiques, ce qu'elle ne pouvait plus se promettre d'enlever à force ouverte : le cabinet de Saint-Pétersbourg a donc cherché à tromper la bonne foi de l'empereur Napoléon, lorsqu'il ne pouvait vaincre ses armées.

Avant toutes choses, ce cabinet s'est efforcé d'abuser l'empire français par une paix et une alliance solennelles, afin d'éloigner le théâtre de la guerre des frontières russes ; il a eu soin de rassurer la cour de Londres sur les nouveaux engagemens qu'il contractait avec l'empereur Napoléon, afin d'entretenir la guerre entre la France et la Grande-Bretagne, afin de se ménager, par la continuation de ses intelligences avec le cabinet de Londres, de nouveaux moyens pour arriver de manière ou d'autre jusques aux portes de Constantinople. Le cabinet de Saint-Pétersbourg peut même avoir eu l'intention de tromper à la fois la France et l'Angleterre, dans l'espérance que cette artificieuse politique (aidée de toutes les conjonctures qu'une transaction aussi importante que celle de Tilsitt devait nécessairement enfanter en Europe) donnerait au cabinet de Saint-Pétersbourg de plus grandes facilités pour *consommer* le démembrement de la Turquie. La Russie a traité avec la France sur les rives du Niemen, parce que les armées françaises fermaient hermétiquement en Pologne le chemin de Constantinople, et étaient au moment de pénétrer dans le cœur de la Moscovie : la Russie a déclaré la guerre à la Grande-Bretagne, mais une guerre *de nom*, de plume et d'ukases, qui sauvait la forme et ne faisait rien pour le fond ; une guerre qui ne coûtait ni un homme, ni un écu à la Russie, qui devait se borner au renvoi des ambassadeurs respectifs et à des *déclarations* hostiles. Cette guerre n'a présenté à l'empire français aucune garantie, aucune assistance *effectives* contre l'ennemi du continent ; les relations commerciales entre l'Angleterre et la Russie n'ont pas été interrompues un seul instant, elles ont même été publiquement autorisées par l'ukase du 19 décembre 1810 (ukase qui va jusques à interdire l'importation des produits de fabriques françaises et allemandes), et le cabinet de Saint-Pétersbourg n'a *réellement* fait la guerre qu'à l'empire français, en attaquant la Suède et en portant de nouvelles forces sur les frontières de l'empire ottoman.

Le traité de Tilsitt a été pour la Russie une arme *à deux tranchans* ; sans violer ostensiblement la nouvelle alliance, à l'ombre même de cette alliance, le cabinet de Saint-Pétersbourg s'est emparé de la Finlande, comme

province appartenant *à une puissance alliée de l'Angleterre et ennemie de l'empire français*; il s'est établi militairement dans la Servie, et a fait avancer ses armées sur la rive droite du Danube ; il a conservé en même temps tous les avantages *relatifs* que la continuation des hostilités de l'Angleterre contre l'empire français procurait à la Russie, pour établir *une route militaire* entre les bouches du Danube et la mer Adriatique. Bientôt on a vu les métropolitains et les boyards de la Valachie écrire à l'empereur Alexandre Ier : « qu'ils sont
« ses *très-fidèles sujets* ; que leur patrie ne peut
« pas plus exister sans la haute protection de
« S. M. que le jeune enfant ne peut être
« arraché du sein de sa mère. » Le cabinet de Saint-Pétersbourg est toujours resté, par rapport à l'empire français, à peu de chose près, dans la même situation politique où il était placé avant les traités de Tilsitt ; la *physionomie* seule de ce cabinet a changé au moment de cette transaction ; depuis sa signature, le cabinet russe n'a pas fait une démarche, un seul pas qui ne tendissent à l'approcher de Constantinople et à resserrer les liens de son alliance avec la Grande-Bretagne, au détriment de tous les intérêts politiques et fédératifs consacrés à Tilsitt.

Ces détails étaient indispensables; ils montrent que la Russie n'a pas cessé de faire cause commune avec l'Angleterre depuis le traité de Tilsitt; qu'elle a fomenté, de concert avec cette puissance, les hostilités sur le continent; ils prouvent que le cabinet de Saint-Pétersbourg est particulièrement responsable envers l'humanité de tous les malheurs de la guerre actuelle : mais cette guerre, suscitée par l'ambition, la perfidie du ministère russe et du ministère anglais, aura pour résultat de fixer la paix publique de l'Europe en assurant le rétablissement de la Pologne et l'intégrité de l'empire ottoman, en garantissant la sûreté du midi de l'Europe, de l'Archipel de la Grèce et de l'Italie.

L'Italie est la porte par laquelle les barbares de tous les siècles ont cherché à pénétrer dans l'occident. Par la richesse de son sol, la beauté de son climat, la merveilleuse assiette de son territoire et l'admirable gisement de ses côtes, l'Italie a été depuis trente siècles, elle sera éternellement la cause des guerres les plus sanglantes; ces magnifiques contrées provoquent toutes les ambitions, rappellent toutes les sortes de gloires et font les délices de tous les âges. Dans tous les temps, l'Italie sera l'objet de l'ambition des conquérans; dans tous les temps, la mer Noire et les Dardanelles seront la route ou le passage d'une portion considérable des richesses de l'orient; et dans tous les temps aussi, la barbarie et la soif du pillage forceront les peuples de la Tartarie et de la Moscovie à se précipiter sur les riches et délicieuses provinces du midi de l'Europe. Constantinople est donc, par la nature des choses, le boulevard de l'Europe au-delà de l'Italie, comme Varsovie est le boulevard du système continental au-delà de l'Allemagne.

Des écrivains d'un grand talent, des publicistes d'un mérite supérieur ont développé, bien mieux que ne pourrait le faire l'auteur de cet ouvrage, la nécessité de retenir la Russie hors de l'Allemagne et hors de l'Italie, d'opposer à cette puissance une barrière insurmontable en Pologne et en Turquie, de diriger contre l'empire russe l'alliance et les efforts de la Suède, de la Pologne, de l'empire ottoman, c'est-à-dire des alliés naturels de la monarchie française. Ces principes politiques ont toujours été ceux des grands ministres de France, des hommes d'état sincèrement dévoués à la paix publique de l'Europe.

François Ier en sentit la justesse, Henri IV (*) les adopta, et le cardinal de Richelieu fit taire les préjugés religieux devant ces grands principes de conservation ; ils tiennent à l'essence des choses ; ils veulent que l'empire ottoman, ou la puissance placée en sentinelle aux avant-postes méridionaux de l'Europe civilisée, jouisse d'une grande influence dans le système politique, et soit remise par conséquent en possession de tout le territoire dont la Russie a dépouillé la Porte ottomane depuis le règne de Catherine II. Car, dans la suite des temps, rien ne pourrait arrêter l'inondation des barbares, si Constantinople n'opposait pas une invincible résistance à leurs efforts ; des armées innombrables arriveraient des pro-

---

(*) Le traité conclu en 1604, entre Henri IV et Achmet Ier montre les égards et la protection que le cabinet de France a de tout temps accordés à la navigation et au commerce des diverses nations de l'Europe : l'article 4 de ce traité dit : « Toutes les nations commerçantes de « l'Europe, y compris les Anglais, pourront commercer « librement en Turquie, sous la bannière et protection de « France, et sous l'obéissance des consuls français. » Tels sont les avantages que le commerce des états européens a toujours retirés de l'influence française dans la méditerranée et en Turquie : la France y protége toutes les nations, l'Angleterre opprime leur commerce, la Russie l'infeste.

vinces orientales et méridionales de la Russie ; elles fondraient à l'improviste, dans un très-court espace de temps, et pénétreraient sans obstacle dans les provinces situées sur la rive droite du Danube et dans les provinces de l'ancienne Grèce : la Valachie, la Moldavie et la Servie ouvrent, de fait, l'Italie et tout l'occident au maître de la mer Noire ; la Servie est surtout d'une importance extrême, cette province couvre la Dalmatie et la Turquie européenne, Belgrade ouvre les routes de l'Albanie et de la Bulgarie, et peut menacer à la fois la sûreté de la mer Adriatique et la sûreté des Dardanelles.

Ce simple aperçu géographique montre l'importance politique de la Turquie : il serait superflu de s'appesantir sur un sujet qui regorge de preuves, et qui a été épuisé par les meilleurs esprits ; observons seulement que le commerce du Levant est pour les Anglais un objet de haute considération : ils y expédient une grande quantité de produits manufacturés de Manchester, beaucoup de poteries, de shallons, de mahoots ou draps légers, de quincailleries, de denrées coloniales, etc. Ils tirent de la première main les soies brutes de Bursa, les cotons de Smyrne ; ils pratiquent des échanges infiniment lucratifs dans cette dernière ville, à Alep, etc. Les trois-quarts des marchandises importées en Turquie et en Egypte sont importées sur des navires anglais; et depuis que le port de Cherson a déployé une certaine activité commerciale sous la domination russe, les Anglais envoient à travers la Russie et l'Allemagne, ils expédient même par eau, de Riga à Cherson, des cargaisons entières de draps et de quincailleries.

L'Angleterre serait donc maîtresse de tout le commerce du Levant et des Echelles, si l'empire turc était démembré par la Russie : aussi la Grande-Bretagne favorise ce démembrement de tout son pouvoir, surtout depuis que l'occupation de Malte et de la Sicile a donné un grand ascendant au pavillon anglais dans l'archipel de la Grèce, sur les côtes d'Egypte et de Syrie. Ecoutons les écrivains anglais : « Ce n'est *plus dans la Méditerranée
« seulement* que nous devons chercher à éten-
« dre notre commerce ; les côtes de la mer
« Noire offrent une mine de richesses qui n'a
« pas encore été *exploitée* par les spécula-
« teurs anglais : nous sommes à même d'y re-
« cueillir les plus solides avantages, quand elles
« appartiendront à des états qui seront nos
« alliés et nos amis. . . . *La subversion* de la
« Turquie intéresse spécialement la Grande-

« Bretagne, eu égard aux avantages immenses
« qu'elle lui offre pour son commerce et sa
« consistance politique; avantages qu'elle ne
« peut repousser sans s'exposer à voir rapide-
« ment disparaître son influence dans la Mé-
« diterranée, et peut-être dans la balance de
« l'Europe.... Si nous reportons nos regards
« sur l'Italie, nous y trouverons de nouveaux
« motifs qui imposent à la Grande-Bretagne
« l'obligation *de s'unir plus étroitement à la*
« *Russie, en concourant de tous nos efforts à la*
« *délivrance de la Grèce.... etc.* » Que pour-
rions-nous dire nous-même de plus positif,
de plus fort que ces aveux publiés, il y a quelques années, à Londres, sous l'influence directe
du ministère, par un ancien consul de sa majesté britannique en Russie et en Turquie?
Depuis cette époque, l'Angleterre a pris possession de l'île de Malte, et tient, par Gibral-
tar et par la Sicile, la Méditerranée captive:
depuis ce temps, la Russie a étendu sa domination dans le nord de l'Europe et sur les
rives du Danube. Quelles sûretés pourraient
donc conserver désormais l'Italie et le midi de
l'Europe, si l'empire ottoman ne recouvrait
pas toute son influence politique et n'était pas
aujourd'hui raffermi sur ses fondemens; s'il
n'existait pas au détroit des Dardanelles une

puissance assez forte pour résister à la double invasion maritime et continentale dont l'Angleterre et la Russie menacent l'Europe ?

Disons encore un mot sur une matière qui offre tant de méditations, tant de craintes à l'homme d'état.

A peine l'impératrice Catherine II eût-elle dévoilé, dans sa première campagne contre les Turcs, toute l'étendue de son ambition, que des écrivains, séduits par ce prestige de gloire qui s'attache aux grandes entreprises, ou gagnés par le cabinet de Saint-Pétersbourg, s'empressèrent de célébrer avec une sorte de fanatisme les victoires des armées russes. Les écrivains et les poëtes flattèrent l'orgueil de Catherine II; ils appelèrent sur son règne l'admiration de l'Europe, et fascinèrent les yeux de la multitude sur les opérations de son cabinet; plus ce cabinet déployait de violence et d'audace en Pologne et en Turquie, plus il attentait aux droits des nations et aux droits des gens, plus les écrivains, qui disposaient de la renommée, prodiguaient d'adulations à l'impératrice de Russie; ils conjuraient cette souveraine, au nom des sciences, de la philosophie, de l'humanité, de détruire l'empire ottoman; ils appelaient hautement un prince de la maison des tzars au trône de Constantinolpe.

C'était commettre un grand attentat contre l'indépendance et la sûreté de l'Europe; c'était en même-temps faire preuve d'une grande ignorance en politique.

L'empire ottoman, disent les partisans ou les écrivains à gages de la Russie, est sous le double joug de la superstition et du despotisme! mais la forme du gouvernement qui régit les peuples de cet empire a été reconnue par tous les souverains de l'Europe. Est-ce au nom des sciences et des beaux-arts, de la philosophie et de l'humanité, que les fauteurs de la tyrannie et de l'ambition russe prétendraient justifier les démembremens que le cabinet de Saint-Pétersbourg poursuit, avec tant de violence, sur la mer Noire, depuis le règne de Catherine II? Il est aisé de montrer à quel point ces sophismes et ces paradoxes sont dépourvus de raison et de justice.

Sans doute la mutilation des chefs-d'œuvres et des monumens de l'antiquité, la dégradation et l'esclavage des Grecs modernes, l'insouciance et l'avilissement des peuples ottomans, doivent exciter l'animadversion des économistes, des philantropes, de ces philosophes-capucins, qui se croient appelés à la réforme des états, parce qu'ils possèdent quelques connaissances générales et superficielles : littérateurs à phrases usées ou témérairement neuves, panégyristes effrontés d'anciens abus et d'anciens vices, détracteurs des créations et des prodiges qui signalent les temps où nous vivons; écrivains qui évitent la considération et courent après la célébrité, qui ne cherchent pas à éclairer, mais à éblouir, dont le style est emphatique, sans être original, qui montrent beaucoup d'esprit et fort peu de talent, et qui sont, dans les débauches d'imagination auxquelles ils se livrent sans cesse, les apostats du goût et du bons sens. Les Turcs peuvent être fort coupables aux yeux de ces littérateurs, de ces écrivains; mais les cabinets jugent les gouvernemens d'après d'autres maximes. La raison politique a des règles fixes; elles sont prises dans l'intérêt d'état, intérêt auquel doivent se subordonner toutes les considérations. M. de Montesquieu, cet écrivain profond qui a fermé le siècle de Louis XIV, dit dans un de ses chefs-d'œuvre : « C'est « leur félicité (les puissances commerçantes de « l'Europe) que Dieu ait permis qu'il y ait dans « le monde des Turcs, c'est-à-dire les hommes « du monde les plus propres à posséder inuti- « lement un grand empire. » M. de Montesquieu, regarde, avec beaucoup de raison, la conservation de l'empire ottoman comme nécessaire au repos et à l'équilibre de l'Europe. La Porte ottomane n'a jamais été, elle n'est pas, elle ne saurait jamais être l'ennemie de l'empire français; la conservation et l'existence de l'empire turc sont tellement des objets de premier ordre pour les intérêts de l'empire français, pour la paix publique du continent, que l'Europe voit aujourd'hui, avec la plus vive reconnaissance, les armées françaises défendre, contre l'insatiable ambition de la Russie, les frontières turques, *ces frontières que le gouvernement ottoman tient immobiles*, comme l'observe si judicieusement M. de Montesquieu.

Voilà les grands intérêts qui importent à tous les gouvernemens; et que peuvent prouver, contre des considérations aussi majeures, tous les sophismes des philosophes et les déclamations de quelques littérateurs? Sans doute les sciences et les belles-lettres décorent l'édifice politique; serait-on cependant coupable aux yeux de la raison et de l'expérience, si l'on hasardait de dire que, dans aucun siècle, chez aucune nation, le plus ou le moins de science littéraire n'a véritablement constitué le bonheur d'un peuple? S'il n'en était pas ainsi, quelle serait donc la condition du laboureur et de l'artisan, auxquels l'état social n'a laissé que l'ignorance littéraire en dédommagement de tous les travaux auxquels leur naissance les dévoue? Le bonheur d'un peuple se trouvera éternellement pour lui dans de bonnes mœurs et dans de sages lois, c'est-à-dire dans un gouvernement fort et juste; de même que l'art de gouverner les hommes, ou l'art de régner, se réduira toujours à savoir être juste et à oser être grand : le gouvernement est une éducation publique; et selon que la discipline nationale est bonne ou mauvaise, dit très-bien Gordon, les nations sont bien ou mal élevées, et les peuples sont heureux ou malheureux, indépendamment de toutes les académies et de toutes les corporations d'esprit. Il faut que les chefs de l'état, que les magistrats et les administrateurs soient éclairés; mais il en est encore des lumières comme de la fortune, le bon ou le mauvais usage en fait tout le mérite.

L'histoire de l'empire ottoman est remplie, dira-t-on, de barbaries, de cruautés, de dévastations commises par les empereurs turcs; mais les annales de la Russie ne présentent-elles pas le même tableau? et quelle est en Europe la nation qui n'ait pas de longues pages à ôter de son histoire? Si les peuples orientaux consentent à dépendre des volontés d'un sultan ou d'un visir, comme de la seule loi qu'ils reconnaissent, on serait injuste, on aurait surtout mauvaise grâce à Saint-Pétersbourg d'invoquer la philosophie et l'humanité pour justifier le démembrement de l'empire turc; l'ignorance et l'esclavage des Turcs ne sont pas nuisibles à l'Europe, et la conservation de la puissance ottomane est nécessaire aux nations de l'occident. Qui oserait d'ailleurs avancer que les peuples de cet empire ne peuvent pas recevoir de nouvelles mœurs politiques et civiles, et que, dans le siècle de Napoléon, où tous les états prennent une nouvelle vie, l'empire ottoman n'introduira pas dans son régime intérieur toutes les améliorations dont il est susceptible? L'empire ottoman conserve encore assez de consistance, assez de principes de force pour repousser les barbares de la Moscovie au-delà de la mer Noire; la politique du divan ne peut inspirer aucune crainte, elle est conforme au système général de l'Europe, et il y a plus d'honneur et de loyauté dans le cabinet ottoman que dans le cabinet de Saint-Pétersbourg.

L'ignorance des Turcs, plus destructrice que le temps, a porté une main sacrilége sur les monumens de l'antiquité! mais l'empire ottoman avait le droit de disposer des monumens conquis; il est seulement fâcheux que la barbarie ne les ait pas respectés. Les Romains n'ont-ils pas enlevé, par droit de conquête, les chefs-d'œuvres de la Grèce? Les empereurs de Constantinople, grecs, latins ou ottomans, ont pu dépouiller les provinces conquises de ces glorieux trophées. Les Russes, les Anglais auraient privé l'Italie des chefs-d'œuvre qu'elle possédait encore, si le sort des armes leur eût été favorable; des guerres justes, les plus nobles victoires ont fait présent aux armées françaises de tous les chefs-d'œuvre des arts, et l'empire jouit aujourd'hui, dans la munificence de son empereur, d'un droit généralement reconnu par les publicistes et exercé par les nations. Nous le répétons, on est réduit à déplorer que l'ignorance ottomane détruise les monumens de l'ancienne Grèce, mais ce n'est point une raison pour laisser démembrer l'empire turc par une puissance aussi barbare, et peut être moins *civilisée* que lui. En mettant de côté les déclamations de ces philosophes si remplis d'humanité *dans leurs écrits*, qu'on dirait qu'ils l'ont *inventée*, sans nous arrêter aux déclamations de tous ces colporteurs de sagesse et de science qui s'attendrissent généreusement sur l'esclavage et l'ignorance des Turcs, qui gardent un silence d'approbation sur la barbarie et l'abrutissement des peuples de Russie, qui ne parlent que de la gloire et de la prospérité de ce sauvage empire, qui applaudissent avec scandale à ces violations du droit des gens, à ces boucheries politiques de Varsovie, d'Oczakoff et d'Ismaïl, à ces expéditions atroces de Copenhague et de Constantinople, à ces spoliations, à ces guerres de sauvages dont les Anglais et les Russes ont effrayé et effraient encore l'Europe dans les Espagnes, et jusques sur le territoire même de la Moscovie; sans nous laisser séduire par tous ces sophismes d'une hypocrite et cruelle philantropie, il s'agit de voir les conséquences à peu près infaillibles de l'invasion de l'empire ottoman par les Russes, relativement aux intérêts de l'Europe.

En principe fondamental, la puissance d'un état tient essentiellement à sa population, à son industrie, à son commerce. Le nombre et l'étendue des provinces ne constituent point la force d'un empire; au contraire, dans de certaines circonstances, par l'effet de plusieurs causes que nous ne voulons pas examiner ici, la puissance d'un état peut s'affaiblir en raison de sa surface territoriale, c'est-à-dire en raison de l'étendue des pays qu'il est obligé de gouverner et de défendre. Mais le cabinet de Saint-Pétersbourg ne raisonne pas ainsi; il est *nécessairement* conquérant et spoliateur depuis le règne de Pierre I*er*, de Catherine II; l'existence du cabinet, de l'empire russe, est *hors de lui-même*, dans le centre de l'Europe; il envahit et il dévore; il ne veut pas améliorer, il ne peut pas civiliser : ces vices tiennent à la forme du gouvernement, à la nature de la puissance, à la condition des sujets russes; la corruption du dix-neuvième siècle n'opérera pas sans doute la réforme que la *hache* de Pierre Ier n'a pu faire. Les nobles sont en général aussi peu éclairés en Russie que l'était la noblesse d'Europe dans le douzième siècle; la plus stupide superstition, l'esprit de servilité et d'inflexibles habitudes forment le caractère du peuple russe; les trois quarts des provinces sont plongées dans les ténèbres de la barbarie, et à peine un vernis de civilisation couvre cette barbarie dans les provinces européennes situées sur la mer Baltique; aussi l'empire russe a-t-il été presque toujours en guerre depuis l'avénement de Pierre Ier au trône des tzars : *l'état* est continuellement tourmenté par l'ambition d'ajouter de nouvelles provinces aux provinces de l'empire, et il veut avoir entre ses mains une partie des richesses de l'orient, pour disposer ensuite à son gré du sort des royaumes et des peuples de l'occident.

Les partisans du système russe ont dit: L'intérêt et la politique décideront le cabinet de

Saint-Pétersbourg à priver les Anglais du commerce de la mer Noire, et à réserver ce commerce à ses propres sujets; il cherchera naturellement à s'approprier une partie des richesses de l'Inde; il sera par conséquent intéressé à attaquer, et il attaquera la puissance anglaise dans le Bengale. — Nous croyons avoir démontré le peu de fondement, ou plutôt l'absurdité de la première de ces suppositions; la seconde n'est pas moins vicieuse. L'état de faiblesse où se trouve maritimement l'empire russe dans *ses mers fermées*, les liens qui l'attachent à la Grande-Bretagne, les principes politiques des deux empires, et la nature même de leur *puissance*, ne permettent plus d'espérer que la Russie veuille, que la Russie puisse se constituer *sérieusement* en état de guerre contre la Grande-Bretagne, c'est-à-dire contre la seule nation dont les forces navales peuvent couvrir, défendre, convoyer, arrêter, intercepter, protéger toutes les exportations et importations russes dans la mer Baltique ou au détroit des Dardanelles : la Russie laisserait les Anglais maîtres des îles, des côtes, des stations maritimes, dans la Morée et les Échelles; elle ne se réserverait en réalité, dans le démembrement de l'empire turc, que la possession de la capitale et du territoire. Car partout, dans toutes les suppositions, dans toutes les circonstances possibles, le cabinet de Saint-Pétersbourg est sous l'influence navale, et par conséquent dans l'alliance de la Grande-Bretagne; une telle dépendance est inévitable pour la Russie, jusqu'à ce que la force maritime de la Grande-Bretagne ait été *réduite* d'une manière conforme aux droits des nations. Il faut *déplacer* l'empire russe et *affaiblir* la puissance navale de l'Angleterre, si on veut que l'Europe obtienne une tranquillité politique et jouisse d'une prospérité commerciale stables et fondées.

Tout est dit sur le gouvernement anglais; il marche à grands pas à sa ruine; bientôt les plus sanglantes catastrophes se déploieront sur la Grande-Bretagne, si le cabinet de Saint-James refuse encore de se rendre aux vœux et à la détresse des manufacturiers, des négocians, du peuple entier des trois royaumes, si la paix ne vient promptement rouvrir les communications avec le continent, communications que la guerre actuelle achève de fermer; menacé, atteint, frappé aujourd'hui dans tous ses principes de puissance navale et de richesse commerciale, l'Angleterre à son tour étonnera l'univers de ses malheurs, de l'immensité de ses pertes, si les conseils britanniques ne se hâtent de recourir à la paix, seul et unique moyen de prévenir tant de calamités. La situation intérieure et extérieure de la Grande-Bretagne est à découvert; il est inutile de rien ajouter au tableau que présentent aujourd'hui les ministres du régent, le parlement, la capitale, les provinces : mais, dans un moment où l'empire français et l'empire russe combattent corps à corps pour savoir si l'Europe sera éternellement en guerre ou si elle recouvrera enfin la paix, dans des conjonctures qui vont décider des destinées du monde, on nous pardonnera d'insister sur le caractère particulier qu'offrent, en Russie, la plupart des grands, des nobles, des personnages qui disposent de la volonté de l'état; cet examen tend à montrer de plus en plus les malheurs auxquels seraient exposés les divers états de l'occident, si l'empire russe conservait, sur la mer Noire et sur les rives du Danube, les provinces qu'il a enlevées à de l'empire ottoman. Les cabinets de Saint-Pétersbourg et de Saint-James font nécessairement cause commune ; l'Angleterre a acquis une prépondérance maritime que la Russie ne peut éviter, ne peut combattre ; le cabinet de Saint-James a pour base de son système politique, de s'opposer de toutes ses forces et par toutes sortes de moyens au développement de l'industrie et à la restauration de la marine de l'empire français : voilà ce qu'il ne faut jamais perdre de vue, si l'on ne veut pas errer et se trouver en contradiction avec les événemens. Si la Russie demeurait maîtresse de démembrer l'empire ottoman, elle favoriserait à Constantinople l'influence anglaise *exclusivement* à celle de l'empire français. Tout le commerce de la Méditerranée, des Échelles, des Arabies, de la Perse, passerait entre les mains de la Grande-Bretagne; on verrait les Anglais établir des *colonies de commerce* dans toutes les provinces européennes et asiatiques de la mer Noire et de la mer Caspienne, y travailler les matières brutes, ainsi qu'ils sont en possession de le faire en Moscovie et dans les provinces russes de la Baltique, et s'emparer en dernier résultat de toutes les importations et de toutes les exportations du nord et de l'orient.

Lorsque nous avons parlé des pertes commerciales qu'essuierait l'empire français, nous avons voulu dire que l'Europe entière serait frappée dans son industrie, sa navigation et son commerce; car l'empire français est l'Europe, en ce sens que le cabinet des Tuileries doit être envisagé comme le protecteur né des libertés du continent; l'empire français, en effet, peut seul assurer et garantir les droits politiques, les droits maritimes de tous les états contre l'insatiable ambition de l'Angleterre et de la russie. Les Anglais disposent des résolutions du cabinet de Saint-Pétersbourg ; et la barbarie, la corruption qui règnent dans toutes les parties de l'administration russe, donnent au cabinet de Saint-James les moyens de perpétuer les guerres sur le continent.

Lorsqu'on porte ses regards vers la capitale du nord, on voit le sénat dirigeant exercer une grande influence en Russie, et la noblesse jouir dans cet empire d'un pouvoir excessif. On n'y connaît pas d'intermédiaire entre l'extrême richesse et l'entière indigence, entre l'oppression exercée par les grands et l'esclavage supporté par le peuple ; toutes les institutions politiques, civiles et judiciaires, portent encore l'empreinte de la barbarie; le défaut de lumières dans la noblesse et la classe moyenne du peuple, généralement parlant, est en Russie une suite de la misérable condition des sujets; elle rend les nobles, c'est-à-dire les grands vassaux, ou propriétaires, à peu près maîtres de la destinée de l'état, parce qu'ils disposent de la volonté et des bras de cette foule innombrable de serfs qui composent la population réelle de l'empire russe. Le souverain est forcé de craindre les entreprises, de ménager l'influence de la noblesse, lorsqu'il n'est pas doué, comme Pierre Ier, d'un caractère assez fort pour retenir, par les supplices, la noblesse dans une soumission et une *servilité* absolues ; voilà pourquoi les tzars vieillissent rarement sur le trône, et pourquoi tant de tzars en ont été précipités. Les nobles ou grands seigneurs russes sont en général les hommes les plus corrompus, les plus profondément avilis, les moins susceptibles de fidélité et d'honneur qu'il y ait dans aucun gouvernement ; c'est l'effet de l'esclavage dans lequel les nobles retiennent leurs paysans, et de l'autorité arbitraire que le souverain exerce à son tour sur les nobles : il est donc facile de s'expliquer pourquoi l'intrigue, la corruption et la cupidité égarent souvent les hommes en place, les hommes puissans par leur crédit ou leur fortune ; pourquoi le ministère anglais a de si nombreux partisans dans la classe de la noblesse, et trouve tant de facilités pour agiter le cabinet et l'empire russe. On voit en Russie beaucoup de grands seigneurs, de nobles, de gens titrés ou décorés ; mais le monarque a beau conférer un diplôme de noble ou de prince à ses favoris, il ne peut rien sur des cœurs serviles, sur des âmes corrompues par la nature du gouvernement : un ukase suffit bien pour conférer la noblesse, mais un ukase ne donnera jamais une grande âme ; quand le cœur est avili, la conduite ne saurait être noble, et l'homme revêtu d'une haute dignité n'offre alors qu'une infamie élevée et publique. Les plus méprisables des hommes, quelle que soit leur élévation dans l'état, sont incontestablement ceux qui n'attachent aucun prix à l'opinion de leurs contemporains, au jugement que l'histoire portera contre leur nom; c'est l'excès de la dégradation politique et morale, que *de ne pas croire à la postérité*. Les vieux seigneurs russes sont pour la plupart des conspirateurs retirés : dans cet empire, les personnages les plus considérables par leur fortune, les plus distingués dans les grâces du souverain, ont étonné l'Europe par la sacrilége audace, par la barbarie de leurs conjurations; la trahison est *là*, toujours près du trône; les grands y rampent de dignité en dignité, comme la chenille de feuille en feuille; tous les services, jusqu'aux plus indignes, se payent en terres et en esclaves, et ces donations sont toujours des titres pour obtenir un plus grand nombre de serfs, c'est-à-dire d'hommes à vendre : chez aucun peuple, dans aucune histoire, on ne vit des grandeurs plus abjectes, des fortunes plus énormes et plus scandaleuses, des disgrâces plus soudaines et plus entières; la cour, ainsi que la nature, offre, sur les bords de la Newa, les contrastes et les révolutions les plus extraordinaires dans l'espace de quelques semaines. Aujourd'hui maître des trésors de l'empire, disposant de la liberté et de la vie des citoyens, demain réduit à la condition d'esclave, et transporté dans les déserts de la Sibérie pour y disputer sa nourriture et ses vêtemens aux monstres des forêts ou de l'Océan glacial; telle est l'alternative dans laquelle se trouve placé, en Russie, l'homme le plus puissant, le plus élevé en dignités ou en faveur. Le caractère des Russes est astucieux, inconstant, profondément dissimulé; ils sont passionnés pour l'ostentation et l'intrigue; aussi leurs annales sont-elles pleines de révoltes excitées dans la capitale, dans l'intérieur, aux extrémités de l'empire; celle de Putgaschew fit trembler Catherine II, et fut au moment de disposer du trône de Russie : toutes ces révoltes sont nées de la même source, le despotisme et l'esclavage, et par conséquent, le défaut de civilisation. C'est ici que se fait remarquer la médiocrité de Pierre Ier, considéré comme législateur et souverain d'un grand empire.

En parlant des mœurs, du caractère, de l'ignorance, de la barbarie des Russes, nous considérons la nation en général. Nous manquerions à la vérité et au respect que tout écrivain se doit à lui-même, si nous n'observions pas qu'on trouve en Russie, même dans la classe des grands seigneurs, des hommes pleins d'honneur, doués de plusieurs qualités estimables, sincèrement attachés à la personne du prince et à la gloire de l'état; mais le nombre de ces hommes est beaucoup plus borné en Russie que dans toute autre contrée de l'Europe; c'est l'effet nécessaire de l'esprit de despotisme et de servilité qui constituent le gouvernement et le peuple russe.

Nous parlons continuellement de Pierre Ier dans cet ouvrage; mais ce souverain a donné naissance à l'*empire russe;* il a démembré la Suède, la Pologne, la Turquie; son nom gouverne, opprime le nord de l'Europe, et c'est Pierre Ier qui ouvre le continent aux manufactures, aux denrées coloniales, aux intrigues et aux hostilités de la Grande-Bretagne.

Loin de fonder la liberté civile dans ses états, Pierre Ier augmenta le despotisme dans toutes les branches de l'administration publique. À son avénement à la couronne, le paysan moscovite pouvait être assimilé à ce nègre d'Afrique dont on traite comme d'une marchandise: si Pierre avait eu le génie créateur, celui qui *fonde* les empires et leur imprime une grande consistance, son règne eût été signalé par l'abolition de la servitude personnelle et réelle, ou du moins par une modification de cet ordre de choses; il le fortifia au contraire. La nature lui avait cependant accordé la faveur de naître dans le siècle de la grandeur, des lumières et du goût, au milieu du siècle de Louis XIV : ses voyages, le spectacle qu'offraient alors les grandes nations de l'Europe, les facilités qu'il trouva pour s'instruire dans toutes les parties de la législation et de l'économie politiques, tant d'avantages devaient le mettre à même d'opérer dans ses états de grandes et salutaires améliorations. Pierre Ier fut doué d'un grand caractère, il conçut de vastes desseins, il exécuta de grandes entreprises; conquérant, il ne fit aucune faute, et il profita de toutes celles de Charles XII : législateur, il ne fit rien pour le bonheur de ses sujets; souverain, il ne voulut point diminuer le pouvoir despotique qu'il exerçait sur les Russes; les successeurs de ce monarque ont été fidèles à ses principes de gouvernement, ils ont laissé l'ordre des paysans dans le même état d'abjection de non-propriété et d'esclavage; et sous Alexandre Ier comme sous *Pierre-le-Grand*, après un siècle entier *de lumières et de civilisation*, les paysans sont encore serfs, et leur sort n'est guère moins déplorable qu'il ne l'était il y a un siècle.

Aussi l'agriculture, les arts, les manufactures, les sciences, la civilisation, ont fait peu de progrès parmi la nation russe, quoique l'empire ait reçu un agrandissement prodigieux; les déserts se sont étendus, le nombre des esclaves a été augmenté, mais la nation offre toujours, à quelques nuances près, le même caractère, la même intensité de barbarie. La différence des climats ne produit pas ainsi celle du caractère des habitans; la nature du gouvernement, la sagesse, la défectuosité ou la corruption des lois, ainsi que le remarque si judicieusement Gordon, dans ses discours sur Tacite, créent seuls l'esprit et les habitudes d'une nation : nous répétons cette maxime, parce qu'elle importe au bonheur de tous les peuples. Les habitans de l'état ci-devant romain, les peuples de la Grèce réfutent M. de Montesquieu, et prouvent que les *latitudes* ne font rien pour ou contre la liberté, les lumières, la civilisation; l'histoire de Suède est remplie de grands caractères, d'esprits profonds, d'âmes nobles autant que celles des Scipions, des Épaminondas et des Émile : la petite monarchie de Suède, celle de Pologne, ont été les contrées de la loyauté et de l'honneur; et si la chevalerie ne fût pas née en Italie ou en France, c'est dans la patrie des Sigismond, des Gustave-Waza, des Gustave-Adolphe, des Sobieski, qu'on en eût signalé l'apparition : les Suédois et les Polonais ont été les Français et les Romains du nord; tandis que l'empire russe n'offre, depuis Pierre Ier, aucun nom véritablement glorieux, recommandable dans les hautes sciences, dans les arts, dans les belles-lettres. Cet empire ne présente sur le trône, comme dans les conditions privées, que des actes de déloyauté, de perfidie, de férocité; l'on y voit d'excellens courtisans, de très-bons espions, de hardis et profonds conspirateurs; la force y est toujours aux prises avec la ruse; les dignités s'achètent par les bassesses, et l'élévation s'obtient par les intrigues; l'honneur ne s'y trouve nulle part, comme la sauvegarde de l'opprimé, l'opinion publique y est sans valeur : un reproche dont il est impossible de laver *le génie* de Pierre Ier, c'est celui de n'avoir pas même songé à donner un esprit public à sa nation ; ce souverain ne désigna pas son successeur à l'empire, c'était exposer la nation russe à *rentrer* dans la barbarie dont il prétendait la faire sortir. Toutes les lois criminelles promulguées par cet empereur, ces lois qui touchent de si près le peuple, sont révoltantes par leur férocité; le jugement y est à la merci des juges, et la peine est atroce : les lois actuelles de la Russie sont encore, à tous égards, les plus mauvaises lois criminelles et civiles qu'il y ait en Europe.

M. de Voltaire a cependant représenté Pierre Ier comme « un homme d'un génie su-
« périeur, qui créait une nation et un empire,
« qui transplantait dans des contrées barbares
« les arts, l'industrie, les *lois* des peuples civi-
« lisés ; » M. de Voltaire a peint ce souverain
« comme inspiré plutôt par une sagesse extra-
« ordinaire que par l'envie de faire des choses
« étonnantes. » Ce panégyrique est absolument dépourvu de vérité; Pierre Ier fut sans doute un homme extraordinaire, si l'on considère surtout le rang dans lequel il naquit, et les entreprises qu'il exécuta; mais Pierre Ier ne fut pas un homme d'un génie supérieur. M. Rousseau de Genève a dit avec justesse que « Pierre Ier
« avait le génie imitatif, mais qu'il n'avait pas
« le vrai génie, celui qui crée et fait tout de
« rien, » le génie, pour le dire en passant, qui caractérise l'empereur Napoléon, ce souverain obligé de tout réparer, de tout créer, avec des élémens que les puissances étrangères osaient regarder comme opposés à tous les moyens de conservation et de grandeur. M. Rousseau ajoute : « L'empire de Russie voudra subjuguer
« l'Europe, et sera lui-même subjugué. »

Pierre Ier avait eu une grande pensée, celle d'arracher ses peuples à la barbarie ; mais il précipita son ouvrage, et fit passer ses sujets de la barbarie à la corruption, sans aucun intervalle ; tant il fut pressé de leur assigner, en Europe, un rang proportionné à l'étendue de ses états : ce prince semblait craindre que les Russes ne fussent pas assez tôt des européens, dit un auteur célèbre. Admiré des étrangers, haï de ses sujets, Pierre Ier poussa le despotisme aussi loin qu'un souverain puisse le faire, et la fortune lui tint constamment lieu de génie et de sagesse. Il usa avec une étonnante audace de toutes les ressources du despotisme, de toutes les forces d'une nation esclave et profondément ignorante : ce souverain fit sans doute de grandes choses, mais il n'eut aucun des talens du véritable législateur, aucune des qualités de l'administrateur profond. M. de Voltaire, après avoir tracé le portrait de ce tzar, nous dit cependant, « par une singularité dont il n'est pas « d'exemple, ce sont quatre femmes montées « après lui sur le trône qui ont maintenu ce « qu'il *acheva*, et *perfectionné* ce qu'il entre- « prit. » Ce jugement ne saurait aujourd'hui en imposer à personne. Pierre Ier n'acheva rien en morale, en législation, en civilisation, et ses successeurs n'ont rien perfectionné, si ce n'est les usurpations dont ce monarque leur avait donné l'exemple et tracé la route. On vient de

dire, dans une feuille publique, ces paroles; elles sont si belles, qu'on ne résiste pas au plaisir de les citer : « Avec Pierre Ier se leva le voile der-
« rière lequel s'était formé un empire immense,
« où tout sollicitait les habitans à renouveler
« sur l'Europe les débordemens qu'avaient exé-
« cutés leurs pères. Ce nouvel aspect eût dû
« glacer l'Europe d'effroi, et lui faire chercher
« dans sa prévoyance le moyen d'obvier à ce
« nouveau danger; elle eût dû fermer toutes ses
« portes au prince ambitieux qui venait s'ini-
« tier à tous les secrets de ses arts, pour en
« armer contre elle les mains de ses féroces et
« serviles sujets ; et lorsque Pultava semblait
« ne décider qu'entre Charles et Pierre, l'Eu-
« rope était vaincue presque autant que la
« Suède... Depuis un siècle, la Russie s'avance
« à pas de géant vers les peuples qui ignoraient
« jusqu'à son nom ; peu contente de la jouis-
« sance d'une partie du globe, le monde suffi-
« rait à peine à son ambition.... » Il serait difficile de juger le règne de Pierre Ier et l'empire russe avec plus de profondeur et de vérité.

Catherine II, qui soumit la Russie et régna pendant trente-quatre ans avec le nom de Pierre Ier, Catherine laissa la constitution et la législation dans le même état de despotisme et de barbarie où elles les avait trouvées ; mais cette souveraine mit le plus grand art à ne montrer l'empire russe à l'Europe que sous les dehors de la civilisation, sous les rapports politiques les plus artificieusement déguisés; on peut dire qu'elle employa toute son habileté à cacher la difformité de sa nation, la faiblesse *réelle* de son empire, et les projets ambitieux de son cabinet: elle voulut polir la cour et la capitale, elle invita avec la plus grande ostentation les sciences et les arts à venir rendre visite à Saint-Pétersbourg (qu'on nous passe cette expression), elle imprima un grand éclat au nom russe, et parvint à tromper l'Europe sur la véritable situation de cet empire ; mais Catherine II ne donna pas la moindre solidité à son empire, et ne fit pas faire un seul pas à la civilisation de ses peuples. Il y a (nous le répétons avec plaisir) quelques personnes éclairées en Russie; on remarque surtout, dans l'ancienne capitale, des hommes recommandables par leurs lumières; mais la grande masse de la nation est barbare, et elle le sera aussi long-temps que le despotisme et la servitude désoleront ces contrées, c'est-à-dire aussi long-temps que l'empire russe ne sera pas démembré.

Nous permettrait-on de hasarder une opinion que nous croyons fondée ? Les grandes révolutions, quels que soient les désastres qui les accompagnent, sont aussi nécessaires dans le monde politique que dans le monde physique; les peuples de ce vaste empire de Russie devront peut-être aux victoires des armées françaises une civilisation et des lumières que les esprits les plus élevés de cette despotique monarchie étaient eux-mêmes forcés de redouter, tant la nature et les principes du gouvernement russe ont rivé tous les liens de la servitude politique et civile! Il fallait peut-être que les Moscovites et les Russes vissent d'aussi près l'honneur et la gloire qui dirigent les légions françaises, pour que le flambeau de la raison et de la liberté vînt éclairer un jour ces sauvages contrées.

Lorsque l'empereur Napoléon réhabilite en Europe toutes les institutions conservatrices des états et des peuples, lorsque tous les gouvernemens s'épurent au creuset de l'empire français, que les réputations les plus colossales se fixent, et que tous les genres de gloire descendent à la place qui leur appartient véritablement, il était sans doute convenable de s'étendre sur les traits qui caractérisent la physionomie de l'empire russe : mais, en esquissant ici le caractère de Pierre Ier, de ce souverain en qui résident encore toute la force et toute la faiblesse de l'empire, nous sommes loin de méconnaître les titres qui méritent à ce tzar une place honorable dans la courte liste des grands souverains. Notre intention principale a été de faire connaître l'esprit du cabinet, le caractère de la nation, la véritable force de l'empire, en montrant la nature et la violence de l'impulsion que leur donna le monarque dont la mémoire jouit en Russie d'une si prodigieuse autorité ; car, depuis sa mort, Pierre Ier gouverne aussi despotiquement à Saint-Pétersbourg qu'il y régna pendant sa vie.

Nous sommes donc forcé de le répéter ; si la Russie parvenait à détruire l'empire ottoman, il s'opérerait tôt ou tard une révolution générale en Europe ; mais un des effets immédiats de la domination russe sur le Bosphore de Thrace, serait de transporter à la Grande-Bretagne tous les bénéfices commerciaux que les diverses nations du continent faisaient autrefois dans la Méditerranée et dans le Levant. En effet, plus la Russie étend ses usurpations dans la mer Baltique ou dans la mer Noire, plus les liens qui l'attachent à l'Angleterre se resserrent, parce que le pavillon de cette dernière puissance peut protéger ou arrêter sur un plus grand nombre de points la navigation et le commerce russe. De l'Angleterre à la Russie, toute goutte d'eau salée appartient incontestablement, et appartiendra toujours à la Grande-Bretagne.

Ces vérités sont tellement positives, que, si le cas arrivait où la cour de Saint-Pétersbourg prît possession de Constantinople, c'est-à-dire de la clef de la mer Noire, du Levant et des Arabies, ces côtes et ces mers seraient ouvertes le lendemain au pavillon anglais, et cela *malgré la Russie elle-même ;* le ministère britannique enchaînerait commercialement ces côtes et ces mers, et en exilerait tous les pavillons européens. Ce résultat est forcé, dans la situation où se trouve la puissance navale en Europe, et dans la situation où est particulièrement, d'une manière absolue, la puissance navale de l'empire russe : il suffirait à l'Angleterre d'occuper quatre ou cinq points principaux sur les côtes maritimes de la Turquie pour ouvrir et fermer à volonté l'Archipel de la Grèce et les Echelles du Levant.

Il était inévitable d'entrer dans tous ces détails ; il font sentir l'importance de l'intégrité et de la restauration de l'empire ottoman, par rapport à la paix du continent et à la liberté des mers. Cette intégrité et cette restauration seraient néanmoins incomplètes, elles ne seraient point à l'abri des entreprises ultérieures de la Russie, si la nouvelle Servie et la petite Tartarie ne recouvraient pas leur ancienne indépendance.

La petite Tartarie est une barrière placée par la nature pour séparer l'Europe de l'Asie ; la nouvelle Servie *détache* les Turcs des Tartares et *couvre* en même-temps la Krimée. Politiquement, la nouvelle Servie présente une importance première pour le cabinet de Saint-Pétersbourg ; aussi Catherine II eut-elle recours à des séductions, à des violences sans nombre, pour attirer dans cette province les habitans de la Moldavie, de la Valachie, de la Bulgarie, et pour peupler de transfuges grecs la rive droite du Dniéper. Les anciens traités entre les Moscovites et les Turs avaient stipulé que le territoire de la nouvelle Servie *devait rester désert*; c'était une politique bien sage de la part du divan : cent lieues de landes impraticables et en quelque sorte inaccessibles pour une grande armée, formaient effectivement une des meilleures barrières que l'empire turc et les frontières orientales de l'Europe pussent avoir, d'une part, contre les inondations des hordes tartares, et d'autre part, contre les invasions des hordes moscovites. Pendant un siècle entier, le cabinet de Saint-Pétersbourg a fait ses efforts pour renverser cette barrière, pour pénétrer en Krimée, s'emparer des lignes, et établir des forteresses qui pussent séparer entièrement la Turquie de la mer d'Azoph, des Tartares Nogays et des Tartares du Kuban ; la Russie est parvenue à mettre ces projets à exécution : l'empire ottoman et toutes les provinces de la Perse se sont trouvés à découvert ; la mer Caspienne et la mer Noire sont tombées sous l'absolue domination du cabinet de Saint-Pétersbourg. On a vu, depuis la guerre de 1768, avec quel art il a soumis ou divisé les khans des diverses provinces qui relèvent de l'empire de Perse, avec quelle habileté il a miné de toutes parts, sur la mer Noire, l'empire ottoman, et comment il est enfin parvenu à borner, pour ainsi dire, ces deux empires aux faubourgs de leurs capitales. La Russie a cherché à circonscrire, à envelopper de toutes parts l'empire turc, à se frayer une route entre la mer Noire et la Méditerranée par les provinces turques de Siwas et de Caramanie, afin de priver l'empire ottoman des secours qu'il peut encore se promettre de ses provinces asiatiques, ainsi que de la diversion que la Perse pourrait opérer contre les Russes.

C'est par la Krimée que la Russie a exécuté des envahissemens aussi énormes : la possession de cette presqu'île a permis aux armées russes de pénétrer dans le Caucase et de *s'établir* aux embouchures du Dniéper, du Dniester et du Danube. Il est donc nécessaire que la Russie soit dépossédée d'une presqu'île qui rend ses armées maîtresses de la mer d'Azoph et de la mer Noire, que Taganrok et Azoph rentrent sous la souveraineté de la Porte ottomane, que l'empire russe soit forcé d'opérer la restitution de Cherson, de Kinburn et d'Oczakow. Ces deux dernières places ferment le Bog et le Dniéper ou Borysthène ; elles ouvrent au nord la mer Noire et commandent l'embouchure du Dniester ; elles tiennent la Krimée sous la dépendance, maîtrisent les bouches du Danube, et menacent directement Constantinople : Oczakow, capitale de la Tartarie Budziaque, est située en face de Kinburn, aux embouchures du Bog et du Dniéper ; cette position maîtrise en quelque sorte ces grands débouchés, ainsi que les bouches du Dniester et du Danube : Oczakow se trouve à mi-chemin, entre l'entrée de la Tartarie-Krimée par l'isthme de Précop à l'est, et les bouches du Danube au sud-ouest ; cette forteresse est par conséquent la clef des provinces intermédiaires, et il faut l'envisager comme place de première nécessité pour l'empire ottoman. Oczakow et Cherson, sous les rapports politiques et militaires, importent essentiellement à l'indépendance du royaume de Pologne, dont ces places couvrent la frontière méridionale. Si la Russie conservait ses provinces de la mer Noire, elle resterait *tou-*

jours à peu près maîtresse de pénétrer en Pologne par la Podolie et la Wolhinie, et de démembrer l'empire turc sur le Danube ; toutes les stipulations, réserves ou garanties auxquelles un traité de paix pourrait soumettre le cabinet de Saint-Pétersbourg seraient complètement illusoires, si ce traité ne le dépouillait pas sans retour de ces importantes positions ; l'ambition de la Russie pourrait bien être momentanément comprimée, mais *ce serait à recommencer*, comme on dit proverbialement, lorsque l'empire français ne jouirait plus de l'inestimable bonheur d'être gouverné par un monarque d'un caractère et d'un génie supérieurs : alors cette grande complicité de vues et d'usurpations qu forment une indissoluble alliance entre l'Angleterre et la Russie, éclaterait avec une violence nouvelle, et tous les états de l'Europe retomberaient dans cet abîme de malheurs et de guerres dont l'empereur Napoléon seul a pu les préserver en conduisant dans le cœur de la Moscovie l'Europe presque entière réunie sous ses invincibles drapeaux.

RÉSUMÉ.

Il est temps de finir la tâche que nous nous sommes imposée ; nous n'ajouterons plus que quelques réflexions à un livre déjà si long: nous l'avons écrit pour offrir un témoignage du zèle le plus vrai, du respect le plus profond que l'on puisse mettre aux pieds des monarques. Nous avons parlé avec vérité, nous avons fait nos efforts pour montrer à quel point la paix et la sûreté de l'Europe sont attachées à la gloire des armées françaises, aux succès de la guerre actuelle. Si nous n'avons pas tout dit, c'est la faute d'un sujet qui est immense, c'est la faute de nos lumières, dont nous sentons toute l'insuffisance; des esprits plus éclairés, plus versés que nous ne le sommes dans les grands intérêts politiques, fixeront le jugement de l'Europe sur des circonstances et des événemens dont les destinées des deux mondes vont dépendre. Nourris des leçons de M. Favier, de M. Mallet-Dupan, de M. Edmunde-Burke, des meilleurs publicistes du dernier siècle, nous avons du moins la conscience de n'avoir rien avancé qui ne nous parût fondé sur la raison et la justice, sur le droit politique, sur les véritables intérêts des puissances européennes. Nous n'avons jamais eu l'intention, à Dieu ne plaise, dans les observations commandées par notre sujet, sur l'ancien gouvernement de Pologne, de manquer à ces principes de morale et de religion sur lesquels reposent les institutions politiques, à ces lois saintes d'où dérivent les vertus domestiques et civiles : il ne faut que du bon sens et de la probité pour reconnaître combien la religion est divine ; la religion est la plus sûre compagne de la vertu, la meilleure garantie que puissent avoir les lois : nous n'avons pas craint d'élever notre opinion contre ces sophismes libertins, contre ces misérables lieux communs dont les soi-disant philosophes du dernier siècle avaient infecté les esprits ; ces hommes pleins de fanatisme, d'intolérance et d'orgueil, s'étaient déclarés philosophes par *contumace*; ils voulaient, disaient-ils, conduire les peuples à la véritable liberté, à la perfection sociale ; ils brisaient tous les liens de l'obéissance, et ils prétendaient rendre les hommes heureux : les insensés ! ils précipitaient l'ordre social dans l'abîme de l'anarchie ! Nous avons témoigné notre indignation contre ces novateurs présomptueux, dont les écrits ont couvert notre patrie de sanglantes ruines ; mais nous avons évité de réveiller des haines, des souvenirs que la grandeur et la modération affaiblissent tous les jours. Les fureurs démagogiques, les doctrines philosophiques, tous ces systèmes absurdes, et pourtant si audacieux, qui ont bouleversé l'Europe, ont été ensevelis sous tant de victoires, sous des lois si sages et si fortes, qu'aucun gouvernement n'a plus à craindre d'être troublé par ces rébellions : l'empire français achève dans ce moment de fixer sur d'inébranlables fondemens la dignité et le repos des souverains, le bonheur et la véritable liberté des sujets!

Nous avons montré, autant que nos faibles talens ont pu le permettre, l'esprit qui dirige les cours de Saint-Pétersbourg et de Londres, les liens qui unissent ces cabinets, les dangers dont ils menacent les puissances continentales et maritimes; nous avons essayé de prouver que le rétablissement du royaume de Pologne et la restauration de l'empire ottoman étaient nécessaires pour prévenir ces dangers, pour amener une pacification générale : car la guerre actuelle doit enfin procurer une paix réelle, et non ces *paix de papier* et apparences de traités qui rendent le mal plus dangereux, comme le disait le maréchal de Villars.

Il faut que la Russie soit amenée à des principes de modération et de justice envers les puissances continentales ; il faut que l'Angleterre soit amenée à un système et à des résolutions conformes aux droits des nations maritimes. Et puisque tous les sacrifices qu'a faits jusqu'ici l'empire français pour donner la paix à l'Europe sont méconnus ou rejetés par l'Angleterre, par la Russie, il faut réduire *par la force* les cabinets de Saint-Pétersbourg et de Londres à l'heureuse impuissance de continuer la guerre.

L'Angleterre a violé tous les droits des nations ; ses ministres ont excité les factions ; ils ont provoqué et entretenu pendant vingt années les hostilités sur le continent ; le cabinet de Westminster s'est refusé à tous les traités de paix, à toutes les négociations qui pouvaient opérer un rapprochement sincère, et permettre à l'Europe de respirer un moment. Il n'est plus possible de combattre avec les armes de la générosité, de la modération, un ministère qui méconnaît ainsi tous les principes de justice, qui attente aux droits les plus saints, qui a recours aux plus atroces perfidies afin d'éterniser les désolations et les guerres ; le ministère britannique réduit donc l'empire français à la nécessité de réunir les puissances européennes sous un même système de résistance, de conservation et de force. Heureusement pour l'Europe, l'empereur Napoléon tient entre ses mains le sort de l'Angleterre, la liberté des mers, l'indépendance du commerce des deux hémisphères, la paix du monde ; le maintien du décret qui déclare les îles britanniques en état de blocus, et l'affaiblissement de la puissance russe, *assurent* ces grands et heureux résultats. De jour en jour la Grande-Bretagne est placée dans une situation plus critique ; depuis le bill des droits, les ministres démolissent pièce à pièce la constitution, elle succombe à la corruption des mœurs. Le pouvoir de conférer des dignités donne au roi, c'est-à-dire aux ministres, la toute puissance ; les pensions accordées à leurs créatures, dans la chambre des communes, permettent au ministère de tout entreprendre contre les intérêts, contre les libertés de la nation anglaise : les ministres du régent en sont venus au point *de ne plus se contenter du plan de corruption raffinée de leurs prédécesseurs, et de vouloir tout exécuter avec une puissance absolue.* La force des choses doit nécessairement entraîner la ruine des manufactures, du commerce, de la force navale, de la *constitution* de l'Angleterre, si les ministres du régent ne se hâtent de recourir à une sage administration et d'embrasser un système pacifique : car la guerre d'Amérique et la guerre de Russie vont priver le ministère britannique des derniers moyens qui lui restent encore pour prévenir tant de désastres.

La Russie est l'alliée fidèle de la Grande-

Bretagne. Le ministère russe a violé et l'esprit et la lettre des traités de Tilsitt ; il s'est joué des engagemens les plus solennels ; il a ouvert le continent aux marchandises de l'Angleterre ; il a fait cause commune avec l'ennemi de l'Europe, en fournissant aux ministres du régent les moyens d'entretenir les guerres. Depuis cinq ans, le cabinet de Saint-Pétersbourg n'a cherché à se maintenir en bonne intelligence avec le cabinet des Tuileries qu'afin *de ne pas manquer* en temps et lieu les usurpations qu'il méditait ; en signant la paix avec l'empire français, le ministère russe a continué la guerre, il a attaqué et démembré les alliés naturels de l'empire français, il a exécuté ses envahissemens dans le nord et dans le Levant avec la même rapacité, la même ambition que la Grande-Bretagne a étendu sa tyrannie sur les mers ; il s'est de nouveau constitué en état de guerre envers l'empire français. Il est donc juste et légitime de poursuivre l'empire russe jusque dans ses capitales, de lui fermer la terre et la mer dans le nord et à l'orient de l'Europe ; il est donc convenable et nécessaire à tous les intérêts politiques et commerciaux des puissances du continent de rejeter l'empire russe *hors de l'Eu-*

rope, et de priver ainsi la Grande-Bretagne de ses dernières ressources de guerre contre le continent.

Le vaste empire de Pierre Ier et de Catherine II chancelle déjà en Europe ; les armées françaises le frappent au centre et le poursuivent dans le nord ; les Cosaques et les Turcs, secondés par les Polonais, peuvent l'attaquer avec succès sur ses frontières méridionales ; les Persans sont en mesure de le combattre dans le Levant, et d'ouvrir en même temps le chemin de l'Indostan. La Russie et l'Angleterre vont être forcées de renoncer, l'une à ces usurpations continentales, l'autre à cette tyrannie maritime qui menacent l'Europe d'une subversion générale.

Depuis huit années, l'empereur Napoléon a donné inutilement l'exemple d'une magnanimité, osons dire d'une condescendance supérieure, s'il se peut, aux triomphes des armées françaises ; de ces armées où chaque soldat compte plus de victoires qu'il ne compte d'années. Le ministère anglais, le ministère russe ont constamment évité la paix ; ils ont fait directement, ils ont fait indirectement par tous leurs alliés un abus scandaleux, atroce, des dispositions pacifiques du cabinet impérial de France. L'empire français est donc obligé de déployer aujourd'hui toute sa puissance, de faire usage de tous ses avantages politiques et militaires pour assurer enfin la conservation et le repos de l'Europe. Cet exercice des droits les plus légitimes, les mieux acquis, les plus honorables, est le bienfait le plus signalé que l'empereur Napoléon puisse accorder aux nations de l'occident; en les recevant sous la protection impériale, en les couvrant de toute la force de l'empire français, ce souverain prépare le bonheur de tous les peuples et garantit la paix de tous les états.

Malgré son ardent amour pour la paix, l'empereur Napoléon est obligé de reprendre les armes : puisque l'Angleterre et la Russie veulent que les guerres succèdent aux guerres, les triomphes succéderont donc aux triomphes. Aujourd'hui le remède est dans le mal même, le salut se trouve dans le danger, et la paix est encore dans la guerre. Si la continuation de la guerre est malheureusement inévitable, ses résultats du moins seront aussi consolans qu'ils sont certains.

La guerre de Pologne doit puissamment contribuer à rapprocher la conclusion de cette paix générale, si nécessaire à tous les états, si désirée par tous les véritables amis de l'humanité, si précieuse pour les sujets de l'empereur Napoléon, auxquels elle doit rendre l'auguste présence de leur souverain.

Il n'appartient, peut-être, pas aux temps où nous vivons de juger les irrésistibles circonstances où fut placée l'Europe civilisée; c'est à la postérité qu'il est réservé d'apprécier tout ce que l'empereur Napoléon aura été obligé de faire de prodigieux, de surnaturel, pour sauver l'Europe et la civilisation de ces guerres interminables, de ces fléaux, de ces désolations dont le système des cabinets de Saint-Pétersbourg et de Londres menaçaient tous les états. La postérité admirera dans le cabinet des Tuileries cette observation religieuse des traités, ce respect inviolable pour la foi publique et le droit des nations, qui caractérisent les actes du gouvernement de France ; elle bénira le pacificateur du continent, le protecteur de la liberté des mers, dans le monarque qui conduit ses légions sur la Newa et sur le Wolga : la postérité flétrira d'un éternel opprobre ces ministres russes, ces ministres anglais qui ont ensanglanté l'Europe, royaume par royaume, province par province, qui ont trafiqué de la ruine des états, et spéculé jusqu'à leur dernière heure sur la chute des trônes et les calamités du monde.

La victoire a déjà prononcé en faveur de l'ordre social dans les plaines de Pologne ; déjà s'accomplissent sur les frontières de la Moscovie les nouvelles destinées de l'Europe, ces destinées pleines de bonheur et de paix ! Toutes les espérances de l'empire français et de l'Europe seront remplies ; la paix générale sera donnée aux nations et aux rois, comme la seule récompense digne du cœur et des travaux de l'empereur Napoléon. Alors la France sera cet empire contre lequel se briseront les révolutions et les siècles, et les ligues guerrières des peuples barbares, et les ligues marchandes des peuples corrompus ; les générations royales se succéderont dans l'occident pour offrir à la dynastie impériale et royale de France l'alliance de leur couronne et la fidélité de leurs états ; et le nom de NAPOLÉON, désormais la seule expression digne de la grandeur du véritable César, le nom de NAPOLÉON arrivera à la fin des âges, au milieu des hommages des rois et des bénédictions des peuples.

FIN.

DE L'IMPRIMERIE DE MAME, RUE DU POT-DE-FER,
N° 14.

ERRATA.

page	ligne	au lieu de	lisez
23	11	éclat; mais	éclat, mais
ibid.	22	sentie; elle	sentie, elle
31	6	nation.	nation;
48	5	Anglaisa	Anglais a
49	25 et 26	sur l'Europe par	sur l'Europe, par
50	26	obtenir leur	arriver à leur
53	20	française qu'elle	française qu'il
55	10	est le	est, dans l'orient, le
57	18	main; elle	main, elle
77	4	navale	réelle
88	19	emprire	empire
99	5	science,	sciences,
ibid.	27	ottoman	ottoman,
101	17	assurèrent	assuraient
105	1	ordre qui	ordre, qui
112	6	il entretenait	ce cabinet entretenait
114	1	d'orient,	d'orient;
119	4	au sultan, dont	au sultan dont
121	21	de céder et	de céder, et
ibid.	26	en 1789 procurèrent	en 1789, procurèrent
123	7	ne leur donna	ne leur envoya
ibid.	16	adjugé	adjugée
139	21	continent tant	continent, tant
145	17	une longue	sa longue
158	15	censées	censés
159	18	erré en politique	erré, en littérature, en politique
165	13	avec	et
ibd.	14	nous le	nous les
169	5	roi étranger	roi-étranger
170	2	sai ir	saisir
180	3	Draheim, que	Draheim que
225	21	Witepski	Witepsk
228	19	efforcé	efforcés
229	16	donnée	donnés
232	2	réduisit	plongea
233	16	Dniester pour	Dniester, pour
249	6 et 7	prodigieuse;	prodigieuses;
258	7	Grande-Breagne	Grande-Bretagne
266	17	système;	système,
268	1	persista..	persistait
269	7	d'abuser de la	d'abuser la
283	23 (note)	sœs la	sons la
300	19	enlevées à de	enlevées à
304	8	contre	sur
306	10	Russe.	Russes.
313	19	remarque surtout, dans	remarque surtout dans
315	11	forcé	forts

www.ingramcontent.com/pod-product-compliance
Lightning Source LLC
Chambersburg PA
CBHW070609160426
43194CB00009B/1231